헌법 수업

헌법 수업

초판 인쇄	2025년 05월 10일
초판 발행	2025년 05월 15일
글쓴이	승지홍
그린이	송진욱
펴낸이	이재현
펴낸곳	리틀씨앤톡
출판등록	제 2022-000106호(2022년 9월 23일)
주소	경기도 파주시 문발로 405 제2출판단지 활자마을
전화	02-338-0092
팩스	02-338-0097
홈페이지	www.seentalk.co.kr
E-mail	seentalk@naver.com
ISBN	979-11-94382-16-4 74300
	979-11-94382-15-7 (세트)

ⓒ 2025, 승지홍

- 저작권법에 의하여 한국 내에서 보호를 받는 저작물이므로 무단전재 및 복제를 금합니다.
- KC마크는 이 제품이 공통안전기준에 적합하였음을 의미합니다.

	모델명	헌법 수업	제조년월	2025. 05. 15.	제조자명	리틀씨앤톡	제조국명	대한민국
	주소	경기도 파주시 문발로 405 제2출판단지 활자마을			전화번호	02-338-0092	사용연령	7세 이상

 은 씨앤톡 의 어린이 브랜드입니다.

지홍 쌤의 사회 교실

헌법 수업

승지홍 글 | 송진욱 그림

'지홍 쌤의 사회 교실'에 초대합니다

여러분, 안녕하세요!

먼저 제 소개를 할게요. 저는 지금부터 '지홍 쌤의 사회 교실'을 통해 여러 가지 주제로 사회 수업을 진행할 승지홍입니다.

저는 고등학교에서 사회를 가르치는 선생님인데요, "고등학교 선생님이 왜 이런 책을 썼을까?" 궁금한 친구들이 있을 거예요.

제가 가르치는 학생들도 예전엔 지금의 여러분처럼 사회가 낯설고 어렵게 느껴지던 시절이 있었답니다. 그런데 학생들과 함께 공부하다 보니, 사회 교과에 조금이라도 일찍 관심을 가진 친구들과 그렇지 않은 친구들 사이에 꽤 큰 차이가 보였어요.

그래서 생각했어요. 조금 더 이른 시기에, 부담 없이 읽을 수

있는 사회 책이 있다면 어떨까? 사회는 어렵고 딱딱한 공부가 아니라, 지금 우리가 살아가는 세상을 이해하고 바꿔 가는 데 꼭 필요한 힘이니까요.

    사회 공부가 한결 쉬워지려면, 지금부터 사회와 조금씩 친해지는 게 큰 도움이 돼요. 멋진 집을 지으려면 기초 공사를 튼튼히 해야 하듯이요. 튼튼하게 지은 집은 오랜 시간이 흘러도 무너지지 않잖아요.

    사회라는 세상을 제대로 이해해 보고 싶은 친구들은 지금부터 선생님을 따라와 보면 어떨까요? 저는 벌써부터 무척 설레는데, 여러분은 어떠세요?

    자, 그럼 신나는 '지홍 쌤의 사회 교실'을 함께 시작해 봅시다!

차례

'지홍 쌤의 사회 교실'에 초대합니다 • 4

우리가 헌법을 공부해야 하는 이유는? • 8

제1장 헌법과 마주하기

최고의 법, 헌법 • 14

우리나라 헌법은 어떻게 만들어졌을까요? • 22

민주주의와 함께 탄생한 다른 나라 헌법 • 30

우리나라 헌법 제1장 • 36

조금 더 알아보자, 헌법! • 45

선생님, 질문 있어요! • 51

헌법 퀴즈 + 친구들과 함께해 보는 헌법 토론 • 54

제2장 헌법과 기본권

누구에게나 주어지는 가장 기본적인 권리, 기본권 • 58

헌법이 보장하는 기본권 • 62

헌법에서 말하는 국민의 의무 • 76

조금 더 알아보자, 헌법! • 84

선생님, 질문 있어요! • 89

헌법 퀴즈 + 친구들과 함께해 보는 헌법 토론 • 94

제3장 입법부의 역할

건강한 권력 행사를 위한 삼권분립 •98
입법부, 국회가 하는 일 •103
국회의원은 어떤 특권과 의무가 있을까요? •109
국회 회의는 어떻게 이뤄질까요? •115
조금 더 알아보자, 헌법! •122
선생님, 질문 있어요! •126
헌법 퀴즈 ✚ 친구들과 함께해 보는 헌법 토론 •130

제4장 행정부의 역할

행정부의 수반, 대통령이 하는 일 •134
국무총리와 국무회의의 역할 •141
감사원이 하는 일 •146
조금 더 알아보자, 헌법! •152
선생님, 질문 있어요! •154
헌법 퀴즈 ✚ 친구들과 함께해 보는 헌법 토론 •160

제5장 법원과 헌법재판소의 역할

법원이 하는 일 •164
재판을 하는 과정 •169
헌법재판소가 하는 일 •174
대한민국을 바꾼 헌법재판소의 결정 •181
조금 더 알아보자, 헌법! •187
선생님, 질문 있어요! •189
헌법 퀴즈 ✚ 친구들과 함께해 보는 헌법 토론 •194

우리가 헌법을 공부해야 하는 이유는?

 오늘부터 함께 배워 볼 주제는 '헌법'이에요.

 혹시 이런 생각을 해 본 적 있나요? 왜 학교에서는 규칙을 지키라고 할까? 왜 어른들은 법을 만들려고 할까? 나라를 다스리는 대통령은 무슨 일을 할까?

 사실, 우리가 사는 세상에는 모두가 함께 지켜야 하는 '큰 약속'이 있어요. 나라와 국민, 국민과 국민 사이에 지켜야 할 큰 약속이 바로 헌법이에요.

 어떤 친구들은 이렇게 물을지도 몰라요.

 "그냥 법도 많은데, 헌법은 왜 특별한 거야?"

 좋은 질문이에요! 헌법은 다른 법들과는 달라요. 헌법은 우리 모두가 함께 행복하게 살 수 있도록 정한 가장 중요한 법이에요. 그냥 법 중 하나가 아니라, 모든 법의 왕 같은 존재죠. 그래서 우리는 헌법을 '모든 법의 어머니'라고 부르기도 해요.

헌법은 '우리나라를 어떻게 운영할지'를 정한 약속이에요. 누가 나라를 이끌고, 어떻게 법을 만들고, 우리를 보호하기 위해 어떤 일이 필요한지를 알려 주죠. 그리고 무엇보다, 헌법은 내 권리를 지켜 주는 멋진 보호막이에요. 예를 들어 볼까요?

만약 여러분이 거리를 걷고 있는데, 갑자기 누군가 달려와서 마구 때린다면 어떻게 될까요? 법을 잘 모른다고 해도, 이건 누가 봐도 잘못된 행동이라는 걸 알 수 있을 거예요. 주변에 있는 사람들도 바로 경찰에 신고하겠죠. 그런데 만약 경찰이 아무 잘못도 없는 나를 마구 때리거나 가둔다면요? 헌법이 우리의 몸과 안전을 지켜 주는 '신체의 자유'를 정해 놓지 않았다면, 이런 나쁜 일을 당해도 제대로 보호받지 못할 수도 있어요. 헌법은 우리가 안전하고 자유롭게 살아갈 수 있도록 지켜 주는 든든한 울타리가 되어 준답니다!

또 우리는 모두 학교에서 공부하고, 하고 싶은 일을 꿈꿀 수 있어요. 헌법이 우리에게 평등하게 교육받을 권리를 보장해 주고 있기 때문이에요.

이런 헌법은 그냥 하늘에서 뚝 떨어진 게 아니에요. 우리가 더 나은 세상을 만들기 위해 함께 고민하고 노력하면서 맺게 된 소중한 약속이에요.

"그런데 헌법을 꼭 알아야 하나요?"

이렇게 묻고 싶을지도 몰라요. 사실 헌법을 몰라도 큰일이 나진 않을 거예요. 하지만 헌법을 알면 우리 삶에 많은 도움이 돼요. 내가 누릴 수 있는 권리를 더 잘 이해할 수 있고, 어떤 상황에서 내 권리가 지켜져야 하는지도 알 수 있어요. 또, 내가 어떤 일을 해 보고 싶다면, 그 일을 더 잘할 수 있는 방법을 헌법에서 찾을 수도 있어요.

무엇보다 헌법을 잘 이해하면 나라의 중요한 일에 관심을 갖게 돼요. 대통령이나 국회의원, 법원, 헌법재판소가 어떤 일을 하는지 궁금하지 않나요? 내가 살고 있는 이 나라가 어떻게 움직이고 있는지를 아는 건 아주 중요한 일이에요. 이 모든 일의 기본을 정해 두는 게 바로 헌법이지요.

  선생님은 여러분이 어떻게 하면 헌법을 더 재밌고 쉽게 배울 수 있을지 고민하다 이 책을 쓰게 됐어요.

  우리가 누릴 수 있는 권리, 해야 할 의무, 그리고 나라를 움직이는 중요한 원칙들이 담겨 있는 헌법!

  지금부터 우리는 헌법의 세계로 떠날 거예요. 헌법은 절대 딱딱하거나 어려운 게 아니에요. 오히려 우리 삶과 아주 가깝고, 흥미로운 이야기로 가득 차 있답니다. 자, 이제 우리 함께 책장을 넘겨 헌법의 세계로 함께 떠나 볼까요?

여러분과 함께 세상을 배워 나가는 승지홍

제 1 장

헌법과 마주하기

최고의 법, 헌법

법이란 무엇일까요?

법은 우리가 살아가면서 꼭 지켜야 하는 기본적인 규칙이에요. 많은 국민들이 뜻을 모아서 정한 약속이죠. 만약 축구 경기에서 규칙이 없거나 정해진 규칙을 지키지 않는다면 어떨까요? 이기고 지고를 떠나 경기장이 엉망이 되겠지요.

축구나 야구 경기에서 지켜야 할 규칙이 있듯이 우리가 살고 있는 사회에는 개인과 개인 사이에 지켜야 하는 규칙이 꼭 필요합니다. 그게 바로 법이지요.

옛날에도 법이 있었어요. 우리나라 최초의 법은 고조선 때 단군왕검이 만든 '8조 법'이에요. 이 8조 법은 여덟 개 중 세 개만 기록이 남아 있어요.

1. 남을 죽인 사람은 사형에 처한다.
2. 남을 때려 다치게 한 사람은 곡식으로 보상한다.
3. 남의 물건을 훔친 사람은 그 물건의 주인 집의 노예가 되어야 한다. 만약 풀려나려면 50만 전을 내야 한다.

　이런 법을 살펴보면 당시의 생활 모습을 알 수 있어요. 사람을 죽이면 사형에 처한다는 조항으로 당시 생명을 중요시했다는 것을 알 수 있고, 곡식으로 보상한다는 조항을 통해 농사를 짓는 생활을 했다는 것을 알 수 있죠. 또 도둑질을 하면 노예로 삼는다는 조항은 신분 사회라는 것을, 50만 전을 내고 풀려날 수 있다는 내용은 화폐가 있었다는 것을 뜻해요.
　지금 우리가 지키고 있는 법도 현재의 우리 삶에 꼭 맞게 만들어진 거예요. 눈에 보이지는 않지만, 지하철이나 버스를 탈 때도, 학교나 학원을 다닐 때도, 집에서 TV를 볼 때도 우리가 무엇을 하든 그곳에는 법이 함께하고 있어요.

만약 법이 없다면 어떻게 될까요? 도로교통법에는 신호등에 빨간색 불이 들어오면 멈추고, 초록색 불이 들어오면 횡단보도를 건너라고 되어 있는데요, 언제 지나가고 언제 멈추라는 규칙을 법으로 정해 두지 않았다면 사람들은 아무렇지도 않게 무단횡단과 신호위반을 할 거예요. 신호를 어기면 그에 따른 교통사고도 엄청나게 늘어나겠죠. 법이 없다면 세상이 아수라장이 될지도 몰라요.

법은 종류도 참 많아요. 그렇다면 각각의 법은 왜 생겼을까요? 사람들의 평화로운 생활을 위해 만들어졌어요. 사람을 때리거나 물건을 훔치는 나쁜 사람들을 처벌하기 위해 형법이 만들어졌고요. 나라를 세우면서 정치 제도나 법 질서를 바로잡기 위해 헌법이 생겼어요. 민법과 상법은 사람들 사이에서 일어나는 다툼을 슬기롭게 해결하기 위해, 민사소송법과 형사소송법은 소송과 재판을 할 때 절차를 정해 두기 위해 생겼죠.

법은 '이것만큼은 지키고 살자.'라는 약속이라고 했죠? 법이 있어서 세상에 질서가 유지되는 것이고, 우리의 생명과 재산을 지킬 수 있으며, 자신이 하고 싶은 일을 하면서 행복한 삶을 누릴 수 있는 거랍니다.

헌법이란 무엇일까요?

여러분은 학교에서 지켜야 할 규칙이 있다는 걸 알고 있죠? 수업 시간에 떠들면 안 되고, 청소 당번은 교실을 깨끗하게 해야 한다는 것처럼 말이에요. 개인 사이에 지켜야 할 규칙이 있듯이 학교 같은 사회에서도 지켜야 할 규칙이 필요해요. 모두가 함께 잘 지내기 위해서지요.

그런데 학교뿐만 아니라, 한 나라에도 모두가 함께 지켜야 할 규칙이 있어요. 그게 바로 헌법입니다. 헌법은 한마디로 우리나라의 가장 중요한 약속이에요. "우리나라 국민의 삶에서 가장 중요한 가치는 무엇이며, 무엇을 지키고 어떻게 살면 좋을까?"라는 질문에 답을 주는 것이 바로 헌법이지요.

헌법은 우리가 행복하게 살 수 있도록 여러 가지 권리를 보장해 줘요. "나는 하고 싶은 말을 할 수 있어!"라고 외칠 수 있는 권리도 헌법에서 나오는 거예요. 또 헌법은 "누구든지 다른 사람의 자유를 침해하면 안 돼!" 같은 기본적인 규칙도 알려 줘요. 그리고 대통령, 국회의원, 판사같이 중요한 역할을 맡은 사람들이 자기 일을 어떻게 하면 되는지 헌법이 알려줍니다. 그래서 헌법은 마치 한 나라의 설명서 같다고 할 수 있어요.

'헌법도 법이면, 다른 법이랑 똑같은 거 아니야?'라고 생각할 수도 있어요. 그런데 헌법은 다른 법들에 비해 아주 특별한 점이 있어요. 바로, 모든 법의 맨 윗자리에 있다는 것이에요.

우리 일상에 가까이 있는 법은 모두 헌법 정신에 어긋나지 않는 선에서 만들어지도록 약속되어 있거든요.

혹시 먹이사슬을 표현한 그림을 본 적이 있나요? 교과서나 책에서 한 번이라도 먹이사슬 그림을 본 사람이라면 아마 머릿속에 '피라미드' 모양이 떠오를 거예요. 피라미드의 맨 꼭대기에는 가장 강한 동물이 위치하고 있죠.

법의 종류를 나눌 때도 먹이사슬과 비슷하게 피라미드 모양으로 표현하곤 해요. 그리고 헌법은 그 피라미드의 맨 꼭대기에 놓인 가장 강력한 법이에요. 한마디로 헌법은 '법 중의 법'이라고 할 수 있어요.

예를 들어, "학생은 누구나 공부할 권리가 있다."라는 헌법 규정이 있는데, 만약 어떤 학교가 "장난기가 많은 학생은 학교에 오면 안 된다."라는 규칙을 만든다면 어떨까요? 그건 헌법에 어긋나기 때문에 절대 허용될 수 없어요.

그렇다면 헌법이 나라의 구조와 정치에 기본이 되는 가장 강한 법이면서 '법 중의 법'이라고 불리는 이유가 뭘까요? 헌법 조문을 살펴보면 이해가 빠르게 될 거예요.

> **제1조**
> ① 대한민국은 민주공화국이다.
> ② 대한민국의 주권은 국민에게 있고, 모든 권력은 국민으로부터 나온다.
> **제19조** 모든 국민은 양심의 자유를 가진다.
> **제22조**
> ① 모든 국민은 학문과 예술의 자유를 가진다.

'헌법'이라는 단어와 함께 한 번은 들어봤을 제1조의 내용을 보면 우리나라가 어떤 나라인지 명확하게 정해 놓은 것 같죠?

헌법 제1조와 제19조, 제22조에 공통적으로 들어간 단어가 보이나요? 네, 바로 '국민'이지요. '국민'이 어떤 권리를 갖는지를 정해 놓은 것을 보면 헌법은 '우리나라'라는 큰 건물의 중요한 뼈대가 되는 '기둥'이 무엇인지 말해 주는 것 같죠?

이렇듯 헌법은 한 나라에서 가장 중요하게 여겨야 할 약속이 무엇인지를 선언하며, 국민으로서 우리가 어떤 권리를 갖는지 정해 둔 고마운 법이랍니다.

우리나라 헌법은 어떻게 만들어졌을까요?

제헌절을 아시나요?

여러분, 7월 17일이 어떤 날인지 알고 있나요? 바로 제헌절입니다. 제헌절은 우리나라에서 최초로 헌법이 만들어진 날을 기억하는 기념일이에요.

1948년으로 돌아가 볼게요. 우리나라가 오랜 시간 일본의 식민지로 있다가 해방된 지 얼마 안 되었을 때예요. 해방은 기쁜 일이었지만, 그렇다고 당장 나라가 완벽하게 세워지는 것은 아니었어요. 나라가 제대로 돌아가려면 꼭 필요한 것이 있었거든요. 바로 우리나라의 기본을 정하는 데 꼭 필요한 법, 즉 헌법이 필요했어요. 그래서 많은 사람들이 모여 헌법을 만들기 위한 회의를 서울에서 시작했어요. 여기에는 이승만 대통령을 비롯해 국회의원들이 참여했어요. 다들 밤낮으로 열심히 토론하고, 의견을 나누며 헌법의 내용을 정했답니다.

우리나라의 정치 제도를 의원내각제로 하느냐, 대통령제로 하느냐부터 헌법을 통해 어떤 가치를 세워야 하는지도 중요한 토론 주제였죠. 가장 좋은 헌법을 만들고자 우리나라보다 먼저 헌법을 만든 다른 나라의 사례를 골똘히 살펴보기도 했어요.

1948년 7월 17일, 드디어 대한민국 헌법이 공식적으로 세상에 나왔습니다. 7월 12일에 사람들이 모인 국회에서 헌법 초안을 통과시켰거든요. 이 최초의 헌법은 우리나라의 이름을 '대한민국'으로 정하고, 나라의 기본 원칙을 담아 두었습니다.

우리나라 첫 번째 헌법에는 여러 가지 중요한 내용이 담겼어요. 그중 가장 중요한 문장은 바로 헌법 제1조예요.

헌법 제1조에는 "대한민국은 민주공화국이다." 그리고, "대한민국의 주권은 국민에게 있고, 모든 권력은 국민으로부터 나온다."라고 적혀 있습니다. '국민이 대한민국의 주인'이라는 뜻이지요. 삼국시대, 고려시대, 조선시대를 거쳐 우리 역사에서 나라의 주인은 항상 왕이었는데, 새롭게 세워진 대한민국에서 처음으로 '국민이 주인'이라고 한 것이에요.

이렇게 만들어진 헌법은 세월이 흐르면서 여러 차례 바뀌었어요. 이것을 '헌법 개정' 또는 '개헌'이라고 하는데요, 우리가 지금 갖고 있는 헌법은 1987년에 아홉 번째로 개정된 헌법입니다. 헌법을 고치는 동안 더 나은 헌법을 만들기 위한 개헌도 있었지만, 독재자의 입맛에 맞게 고쳐진 것도 있었어요. 그렇다면 그동안 우리 헌법은 어떻게 바뀌어 왔을까요?

우리나라 헌법은 어떻게 변해 왔을까요?

6.25 전쟁 중이던 1952년 7월, 우리나라에는 중요한 변화가 있었어요. 1차 헌법 개정(개헌)입니다. 원래는 국회의원들이 투표로 뽑던 대통령을 국민이 직접 뽑을 수 있도록 헌법을 바꿨어요. 부통령제를 새로 만들고, 국회를 민의원과 참의원, 두 개로 나누는 내용도 포함되었죠. 언뜻 보기엔 대통령을 직접 뽑는 것이 좋은 일처럼 보이지만, 사실 이 변화는 당시 대통령이었던 이승만이 다시 대통령이 되기 위해 추진한 일이었어요.

이승만은 국회의원들이 자신을 다시 뽑아 주지 않을까 봐

걱정했어요. 그래서 국민이 직접 대통령을 뽑도록 하면 자신이 다시 대통령이 될 가능성이 더 크다고 생각했던 거예요. 국회의원들 중에서 이 개헌에 반대하는 사람들이 많았기 때문에, 경찰들이 국회를 둘러싸고 감시하는 가운데, 찬성하는 의원들이 자리에서 일어서는 공개투표 방식으로 강행했답니다.

그 후, 1954년 5월에 2차 개헌이 이루어졌어요. 이번에는 "초대 대통령에 한해서는 연임 제한을 없앤다."라는 내용을 넣었어요. 원래 대통령은 두 번까지만 할 수 있었는데, 이미 두 번 대통령을 지낸 이승만이 계속 대통령직을 유지하기 위해 헌법을 바꾸려 한 거예요. 그런데 이 개헌안은 국회에서 단 한 표가 부족했어요. 헌법을 고치려면 재적 의원 203명의 3분의 2인 136명이 찬성해야 했는데, 투표 결과는 찬성 135표였거든요.

그러자 이승만 쪽은 이렇게 주장했어요. 전체 의원 수의 3분의 2는 정확히 135.333…명인데, 0.333명은 사람 한 명이 아니니까 사사오입(반올림)해서 필요한 숫자는 135명이라고 말이에요. 결국 이 논리를 내세워 개헌안의 가결을 선포했어요.

3차 개헌은 국민들이 직접 나서서 망가진 헌법을 바로잡은 일이에요. 이승만 대통령은 네 번이나 대통령 선거에 나왔고, 자신이 당선되도록 부정선거를 저질렀어요. 심지어 자신을 찍은 투표용지를 미리 투표함에 넣고, 반대하는 사람들을 힘으로 위협했죠. 잡아 가두고 때리고 협박한 거예요. 이에 참지 못한 국민들이 거리로 나섰고, 경찰의 총에 맞아 많은 이들이 다치거나 목숨을 잃었어요.

1960년 4월 19일, 전국 대학생들이 힘을 합쳐 목소리를 냈고, 이를 시작으로 정부를 반대하는 국민들의 외침은 더욱 커져 갔어요. 결국 이승만 대통령은 미국으로 가 버렸고, 독재정권은 끝이 났어요. 국민들은 새 국회를 구성하는 데 힘을 모았고, 국회는 헌법을 다시 고쳤어요. 이번 헌법에는 기본권을 침해하는 조항을 없애고, 대통령의 권한을 줄이며 국회와 총리의 힘을 키웠어요. 하지만 급하게 만든 헌법이라 몇 가지 실수가 있었고, 몇 개월 뒤에 한 번 더 개헌을 하게 되었답니다.

　4.19혁명으로 독재가 끝난 지 1년 후인 1961년 5월 16일, 박정희 장군이 이끄는 군인들이 쿠데타를 일으켰어요. 박정희는 자신이 대통령이 되기 위해 헌법을 고쳤고, 원래 총리가 가지고 있던 많은 권한을 대통령이 가지도록 바꾸었어요. 또한 당시 헌법에 규정되어 있던 '양원제 국회' 대신, 국회를 하나로 구성하는 '단원제'로 바꾸었어요. 1969년 10월에는 헌법을 다시 고쳐 대통령이 연임할 수 있는 횟수를 세 번으로 늘렸어요. 그리고 1972년에는 국가긴급권을 발동해 국회를 해산하고, 비상계엄령을 선포했어요. 이때 국민의 기본권을 제한하는 조

제헌 헌법	1948년 7월 17일	대한민국 정부 수립 

1차 개헌	1952년 7월	대통령, 부통령 직선제, 국회 양원제

2차 개헌	1954년 11월	대통령 직선제, 이승만 3선 가능

3차 개헌	1960년 6월	국회에서 대통령 선출

4차 개헌	1960년 11월	반민주행위자 처벌 특별법 제정

5차 개헌	1962년 12월	대통령 1차 중임 허용

6차 개헌	1969년 10월	대통령 재임 3선 연장, 대통령 권한 강화

7차 개헌	1972년 12월	유신헌법, 대통령 간선제(임기 6년), 중임과 연임 제한 폐지

8차 개헌	1980년 10월	대통령 간선제(임기 7년), 유신헌법 일부 폐지

9차 개헌	1987년 10월	대통령 직선제(임기 5년), 국회 권한 강화

항들이 가득한 새 헌법, 즉 '유신헌법'을 만들었어요.

결국 박정희는 1979년, 부하 김재규의 총에 맞아 사망했어요. 그러나 민주주의는 곧바로 회복되지 못했어요. 전두환이라는 군인이 또다시 쿠데타를 일으켜 권력을 잡았기 때문이에요. 전두환은 시위를 벌인 광주 시민들을 잔인하게 진압했고, 유신헌법에 따라 대통령에 당선되었지만, 그 선거는 엉터리였어요. 이후 전두환은 유신헌법의 일부를 수정했지만, 국민들은 여전히 많은 고통을 겪어야 했답니다.

그러다 1987년, 국민들은 더는 참을 수 없다며 전국적으로 들고 일어섰어요. 바로 1987년 6월 민주항쟁이지요. 결국 정권은 국민에게 항복했고, 대통령을 국민이 직접 뽑는 직선제를 다시 도입했어요. 대통령 임기도 딱 한 번, 5년으로 제한하기로 헌법을 고쳤어요. 이때 만들어진 9차 개헌 헌법이 바로 현재 우리가 사용하는 헌법이에요.

이렇듯 아홉 번의 개헌 과정에는 부끄러운 역사도 있었어요. 하지만 가장 최근에 이뤄진 개헌은 국민들이 힘을 모아 민주주의를 되찾아 낸 자랑스러운 결과물이랍니다.

민주주의와 함께 탄생한 다른 나라 헌법

입헌주의란?

우리는 지금 국민이 나라의 주인인 민주주의 사회에 살고 있지요. 그런데 이 민주주의는 결코 당연하게 주어진 게 아니에요. 민주주의 국가가 세워진 역사는 그리 오래되지 않았답니다.

옛날, 특히 중세시대에는 왕이 모든 권력을 가지고 나라를 다스렸어요. 그리고 그 이후에도 소수의 특권층, 그러니까 귀족들이 거의 모든 권리를 독차지했죠. 국민이 나라의 주인이 된다는 건 그 당시에는 상상도 못할 일이었답니다.

그러다가 시간이 흐르면서 사람들이 "왜 왕과 귀족들만 특별한 권리를 가져야 하지? 우리도 우리의 권리를 가져야 해!"라고 외치기 시작했어요. 처음에는 귀족들이 왕의 힘을 견제하려고 나섰지만, 점점 더 많은 사람들이 "특권층만이 아니라 모든 국민이 나라의 주인이다!"라고 주장하게 되었어요. 그렇게 해서 드디어 민주주의 국가들이 등장하게 된 거예요.

이 과정에서 각 나라들은 헌법이라는 약속을 만들었어요. 헌법은 국민 한 사람 한 사람의 자유와 권리를 지켜 주는 중요한 법이에요. 그리고 헌법은 또 다른 중요한 일을 했어요. 시민이 아닌 국가 기관에게 주어지는 권력이 한곳으로 몰리지 않도록, 서로 나누고 견제하도록 만든 것이죠. 즉, 권력분립 체제를 도입한 거예요. 권력을 나누고 균형을 맞춰서 누구라도 권력을 함부로 쓸 수 없도록 해 두었답니다.

입헌주의란, 이처럼 헌법으로 나라를 다스리는 방식을 말해요. 왕이나 특권층의 뜻에 따라서가 아니라 헌법이라는 가장 큰 법에 의해 나라를 통치하는 사상인 거죠. 입헌주의가 없었다면 우리가 오늘날 누리는 자유와 권리도 없었을지 몰라요.

그렇다면 입헌주의가 처음 시작된 곳은 어디일까요? 바로 영국이에요. 그럼 영국부터 시작해 미국, 프랑스까지 입헌주의의 틀을 만들어 낸 나라의 헌법 역사를 살펴볼게요.

헌법의 역사는 세계 민주주의의 역사다!

먼저 영국이에요. 1215년, 영국에서는 '마그나 카르타'라는 중요한 문서가 만들어졌어요. 당시 영국의 군주였던 존 왕은 마음대로 세금을 걷고 사람들을 감옥에 가두곤 했어요. 마그나 카르타는 이를 막기 위해 만들어진 거예요.

귀족들은 "왕이 모든 일을 마음대로 할 수 있다는 건 너무 불공평해요!"라며 왕에게 항의했고, 결국 존 왕은 마그나 카르타에 서명했어요. 이 문서에는 "왕도 법을 따라야 한다."라는 내용이 담겨 있었죠.

그리고 시간이 흘러 영국에서는 의회의 힘이 점점 커졌어요. 1689년에는 '권리장전'이라는 또 다른 중요한 문서가 만들어졌어요. 이 문서는 왕의 권력을 제한하고 국민의 권리를 보호하기 위한 규칙들을 담고 있었어요. 이렇게 영국에서는 왕의 권력을 줄이고 법으로 나라를 운영하는 입헌군주제가 시작되었어요.

미국으로 가 볼까요? 미국은 원래 영국의 식민지였어요. 그런데 1776년에 독립을 선언하면서 새로운 나라를 만들었어요. 나라를 운영하려면 법이 필요하잖아요? 그래서 미국 사람들은 1787년에 헌법을 만들었어요. 이 헌법은 지금도 쓰이고 있는 세계에서 가장 오래된 헌법이에요.

미국 헌법에는 국민들이 자유롭게 말하고, 신앙을 가지며, 정부를 선택할 권리가 담겨 있어요. 또한 미국 헌법은 나랏일을 하는 국가 기관을 세 부분으로 나누었어요. 바로 입법부, 행정부, 사법부예요. 이렇게 해서 어느 한쪽이 모든 권력을 가지지 못하도록 막을 수 있었어요. 이를 '삼권분립'이라고 해요. 기억해 두면 좋겠죠?

마지막으로 프랑스예요. 프랑스에서는 1789년에 큰 혁명이 일어났어요. 이 혁명을 '프랑스 대혁명'이라고 불러요. 당시 프랑스 국민들은 왕과 귀족들이 너무 많은 권력을 가지고 있는 것에 불만을 품었어요. 그래서 국민들이 일어나 "우리도 평등한 권리를 가져야 한다!"라고 외쳤어요.

혁명 후, 프랑스에서는 '인간과 시민의 권리 선언'이라는 문서가 만들어졌어요. 이 문서는 모든 사람이 평등하며 자유롭고, 누구나 하늘로부터 부여받은 소중한 권리를 가진다는 것을 선언했어요. 그리고 이를 바탕으로 1791년에 헌법을 만들었어요. 이 헌법을 바탕으로 그해 10월에 첫 번째 선거가 실시되었는데, 선거 결과 절대군주제가 폐지되었고, 입헌군주제가 채택되어 새로운 의회인 입법 의회가 구성되었어요.

프랑스 헌법은 왕이 모든 권력을 가지던 절대왕정 시절에서

벗어나, 국민이 스스로 주인이 되어 나라를 다스리는 민주주의 정신을 선언한 것이었어요. 이 헌법이 만들어지기까지, 큰 권력을 가지고 있던 왕이나 귀족도 가만있지는 않았겠죠. 그래서 그 과정에서 많은 사람들이 목숨을 잃기도 했답니다. 역사는 이들의 소중한 희생을 기억하고 있어요.

영국, 미국, 프랑스의 헌법이 만들어진 역사를 보면, 사람들이 얼마나 열심히 싸우고 노력해서 오늘날 우리가 누리는 자유를 얻었는지 알 수 있어요.

이제 "대한민국의 주권은 국민에게 있고, 모든 권력은 국민으로부터 나온다."라는 우리나라 헌법 제1조 제2항의 문장이 한층 더 뜻 깊어 보이지 않나요?

우리나라 헌법 제1장

우리나라 헌법은 어떻게 구성되어 있을까요?

우리나라 헌법은 "유구한 역사와 전통에 빛나는 우리 대한 국민은……"으로 시작되는 전문(前文)과 본문 10장 130조 및 부칙 6조로 구성되어 있어요.

전문은 우리나라 헌법의 기본 정신을 선언하는 것으로, 책으로 치자면 프롤로그 같은 안내 글이에요.

전문 다음으로 나오는 본문은 나무로 치자면 몸통 같은 건데요, 국호와 국가 형태 등 대한민국의 구성과 기본 성격을 정해 둔 제1장 총강부터 헌법 개정 절차에 관한 규정을 다룬 제10장까지로 구성되어 있습니다. 여러분이 읽는 이 책이 한 장 한 장 나뉘어 있는 것처럼, 헌법도 큰 주제별로 나뉘어 있는 셈이지요.

제1장 '총강'은 국호, 국가 형태를 비롯한 대한민국의 구성과 기본 성격을 규정하고 있고, 제2장 '국민의 권리와 의무'에는 기본권의 종류와 국민의 의무가 자세히 규정되어 있어요. 제3장에는 국회, 제4장에는 정부, 제5장에는 법원, 제6장에는 헌법재판소에 관한 규정을 두고 있죠.

제7장과 제8장에는 선거관리와 지방자치에 관해 규정하고 있어요. 제9장에는 대한민국의 경제 질서에 대한 규정, 그리고 제10장에는 헌법 개정 절차에 관한 규정이 있어요.

헌법 본문의 구성

제1장	총강	대한민국이란 어떤 나라인가?
제2장	국민의 권리와 의무	국민의 기본권, 국민의 의무
제3장	국회	입법부가 하는 일
제4장	정부	대통령과 행정부가 하는 일
제5장	법원	사법부가 하는 일
제6장	헌법재판소	헌법재판소가 하는 일
제7장	선거 관리	선거관리위원회가 하는 일
제8장	지방자치	지방자치단체가 하는 일
제9장	경제	대한민국의 경제 질서
제10장	헌법 개정	헌법을 개정하는 절차

헌법 제1장에는 어떤 내용이 있을까요?

대한민국 헌법 본문은 총 10장으로 이루어져 있다고 했지요? 그중 헌법 제1장은 대한민국의 가장 기본적인 원칙을 담고 있어요. 특히 1조부터 5조까지는 대한민국 국민이라면 누구나 알아야 할 중요한 내용이 적혀 있습니다. 한번 꼼꼼히 살펴볼게요.

제1조
① 대한민국은 민주공화국이다.

헌법 제1조 제1항은 우리나라의 공식 명칭(대한민국)과 성격(민주공화국)을 규정하고 있답니다. 헌법에 적힌 대로 우리나라의 이름은 '대한민국'이지요. 그렇다면 민주공화국은 무슨 뜻일까요? 먼저, '민주'는 국민이 나라의 주인이라는 뜻이에요. 그리고 '공화국'은 왕이나 특정한 한 사람이 나라를 다스리는 게 아니라, 국민이 함께 나라를 운영하는 체제를 뜻해요.

이 조항을 잘 기억하고 우리나라의 주인은 나 자신이란 점을 가슴 깊이 되새겨 봅시다.

② 대한민국의 주권은 국민에게 있고, 모든 권력은 국민으로부터 나온다.

이 말은 쉽게 말하면, 우리나라를 움직이는 모든 힘, 즉 '권력'은 국민에게서 나온다는 거예요. 대통령, 국회의원, 시장 같은 사람들도 모두 국민의 선택을 받아서 일하는 거랍니다. 그런만큼 국민의 뜻에 맞게 움직여야 하는 것이죠.

> 제2조
> ① 대한민국의 국민이 되는 요건은 법률로 정한다.

제2조 제1항은 '국적'에 관한 내용을 담고 있어요. 국적은 여러분이 어느 나라 국민인지를 말해요. 헌법은 국적을 법률로 정한다고 했고, 우리나라 법률상 대한민국에서 태어나거나 부모님이 대한민국 국민인 경우 자녀도 대한민국 국민이 돼요.

> ② 국가는 법률이 정하는 바에 의하여 재외국민을 보호할 의무를 진다.

대한민국 영토 안에 사는 국민뿐 아니라, 외국에서 살고 있는 국민도 국가의 보호를 받을 수 있다는 뜻이에요. 여기서 말하는 국민은 대한민국 국적을 가진 사람들을 말하는 것이지요.

> **제3조**
> 대한민국의 영토는 한반도와 그 부속 도서로 한다.

　제3조는 우리나라의 통치권이 미치는 지리적 범위가 어디서부터 어디까지인지를 이야기해요. 우리나라의 땅은 한반도와 그 주변의 섬들을 말해요. 여러분이 잘 알고 있는 제주도, 독도 같은 섬도 우리나라의 영토랍니다. 이 문장은 우리가 대한민국 땅을 잘 지키겠다는 약속이에요.

> **제4조**
> 대한민국은 통일을 지향하며, 자유민주적 기본 질서에 입각한 평화적 통일 정책을 수립하고 이를 추진한다.

　제4조는 우리나라가 통일과 평화를 중요하게 생각한다는 내용을 담고 있어요. 이 조항의 의미는 남과 북이 나뉘어 있는 한반도를 평화롭게 하나로 만들겠다는 우리의 의지를 선언했다는 거예요. 싸우지 않고 대화와 협력을 통해 통일을 이루겠다

는 대한민국의 꿈이 담겨 있답니다.

> 제5조
> ① 대한민국은 국제평화의 유지에 노력하고, 침략적 전쟁을 부인한다.

제5조 제1항은 대한민국이 국제사회에서도 중요한 역할을 할 것이라는 약속이에요. 즉, 대한민국은 전쟁을 일으키는 나라가 아니라, 세계 평화를 위해 노력하는 나라가 되겠다는 뜻이에요.

> ② 국군은 국가의 안전보장과 국토방위의 신성한 의무를 수행함을 사명으로 하며, 그 정치적 중립성은 준수된다.

제5조 제2항에서는 국군의 역할과 책임에 대해 말하고 있어요. 우리나라 군대는 대한민국의 영토와 국민을 지키는 것을 중요한 임무로 삼고, 사명감을 가지고 나라를 지켜야 한다는

뜻이에요. 또 국군은 정치적으로 어느 한쪽에 치우치지 않고, 정치적인 의견에 따라 행동해서는 안 된다는 의미도 담겨 있어요.

헌법 제1장에 적힌 중요한 내용을 살펴보았어요. 이 밖에도 제6조에서는 우리나라와 다른 나라 사이의 약속인 '조약'에 대해 설명하고 있어요. 그리고 제7조부터 제9조까지는 공무원의 역할과 책임, 정당을 만들 자유, 국가가 문화와 전통을 소중히 지켜야 한다는 내용을 담고 있어요.

이처럼 대한민국 헌법 제1장에는 우리나라를 이루는 가장 핵심적인 약속들이 담겨 있어요. 이 모든 내용은 우리나라를 더 좋은 곳으로 만들기 위한 기본 규칙이랍니다.

📖 법에도 위아래가 있어요!

여러분, 헌법이 법 중에 가장 위에 있는 법이란 건 무엇을 말하는 걸까요? 네, 바로 법에도 위아래가 있다는 것이지요. 이게 무슨 뜻인지 좀 더 자세히 알아볼까요?

먼저, '켈젠의 법 단계설'이라는 어려운 이름을 가진 이론부터 간단히 알아볼까요? 독일의 법학자 켈젠은 법을 여러 단계로 나눌 수 있다고 말했어요. 그는 "가장 위에 있는 법이 제일 중요하고, 아래

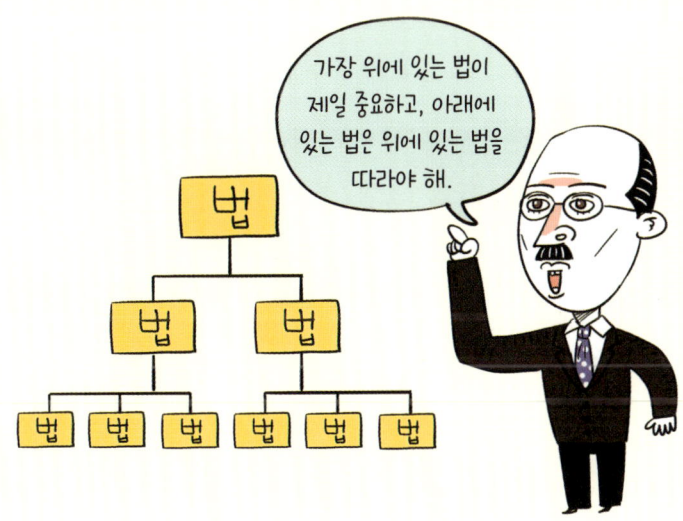

에 있는 법은 위에 있는 법을 따라야 한다."라고 설명했죠. 이렇게 하면 법이 서로 충돌하지 않고 잘 어울릴 수 있어요.

우리나라 법도 이렇게 위아래가 나뉘어 있어요. 가장 꼭대기에는 헌법이 있어요. 헌법에는 나라의 주인이 국민이라는 사실, 국민의 자유와 권리를 어떻게 지킬지 등이 적혀 있지요. 그래서 헌법은 모든 법 중에서 가장 중요한 법이에요.

헌법 아래에는 법률이 있어요. 법률은 국민이 뽑은 국회의원들이 만들어요. 헌법이 나라 전체의 큰 틀을 정했다면, 법률은 그 안에서 더 구체적인 내용을 정해요. 헌법에 "모든 국민은 교육받을 권리가 있다."라고 되어 있다면, 법률은 초등학교와 중학교 교육은 의무이며, 학생은 이 기간 동안 무상으로 교육받을 수 있다는 점을 더 자세히 정해 두는 거예요.

법률 아래에는 명령이 있어요. 명령은 대통령, 총리, 장관과 같은 사람들이 법을 더 구체화해서 필요한 사항을 정한 거예요. 법률에 "학교에서 학생들에게 점심을 제공한다."라고 쓰여 있으면, 명령에

는 "점심 메뉴는 영양사가 정한다."라거나 "밥과 반찬은 골고루 제공한다." 같은 구체적인 내용이 포함돼요.

또, 조례와 규칙도 있어요. 조례는 법률과 비슷하지만, 특정 지역에서만 적용되는 약속이에요. 서울시, 부산시, 제주도 같은 각 지역의 시·도 의회에서 조례를 만들어요. 규칙은 지방자치 단체장이 자신의 권한에 속하는 일을 하면서 만들 수 있어요.

　여기서 중요한 건 '상위법 우선의 원칙'이에요. 헌법이 제일 중요하고, 그 아래로 법률, 명령, 조례, 규칙 순서로 중요해요. 만약 아래에 있는 하위법이 위에 있는 상위법과 충돌하거나 어긋난다면, 위에 있는 상위법이 우선이에요. 즉, 상위법을 따라야 한다는 것이죠.

　헌법에 "모든 국민은 교육받을 권리가 있다."라고 정해져 있는데, 어떤 법률에서 "어떤 국민은 교육을 받을 수 없다."라고 한다면, 그 법은 상위법인 헌법에 위배되는 거겠지요. 이런 경우 헌법재판소에 그 법의 위헌 여부를 따져서 무효화할 수 있어요. 이처럼 국가가 헌법재판소를 두어서 법률이 헌법에 위반되는지의 여부를 판단하는 이유도 법률이 헌법을 위배할 수 없다는 상위법 우선의 원칙을 준수하기 때문이에요.

　헌법은 가장 기본이 되는 약속이고, 나머지 법은 그 약속을 구체적으로 풀어 놓은 것들이에요. 이처럼 법의 구조를 알면, 법을 더 쉽게 이해할 수 있답니다.

📖 북한에도 헌법이 있을까요?

　북한은 우리나라가 헌법을 만든 때와 비슷한 시기인 1947년 헌법을 만들기 위한 준비를 했어요. 북한 헌법 초안의 이름은 '조선 임시 헌법'이라고 붙였어요. 그리고 북한에서는 1948년 9월 8일 '조선민주주의인민공화국 사회주의 헌법'이 공포됐어요.

　북한 헌법에도 우리나라 헌법처럼 국민의 권리와 의무가 적혀 있어요. 북한 헌법에는 "모든 주민은 교육과 의료 혜택을 무료로 받는다."라고 적혀 있어요. 얼핏 보면 좋은 약속 같죠? 하지만 실제로는 북한 사람들은 병원에 가도 제대로 된 치료를 받기 어렵고, 학교에서 배우는 내용은 독재자 통치를 칭찬하는 이야기로 가득 차 있어요.

　또한 북한 헌법에는 "모든 주민은 자유롭게 의견을 말할 수 있다."라는 내용도 있어요. 하지만 북한에서는 정부를 비판하거나 다른 의견을 말하면 큰 처벌을 받을 수 있답니다. 헌법에 적힌 약속

이 잘 지켜지지 않는 경우가 많은 것이지요.

그렇다면 왜 북한 주민들은 자유롭지 않을까요? 북한의 헌법은 집단주의를 원칙으로 삼고 있기 때문이에요. 북한의 어린이는 국가가 운영하는 유치원에서 돌보고, 공장에서 만든 물건이나 농장에서 수확한 농산물은 국가가 소유해요. 이처럼 개인보다는 집단을 더 중요시하는 집단주의가 원칙이다 보니 개인의 자유와 권리는 제한되는 거죠. 그래서 북한에서는 자유롭게 이동할 권리가 없고 종교를 갖거나 정치에 관심을 가질 수도 없어요.

북한에도 헌법이 있지만, 그것이 주민들의 삶을 더 좋게 만들지는 못하고 있어요. 헌법이란 단순히 글자로만 존재하는 게 아니라, 그 약속이 실제로 지켜질 때 진짜 의미가 있는 거예요. 우리나라 헌법이 국민의 자유와 권리를 지켜 주는 것처럼 말이죠.

선생님, 질문 있어요!

헌법에 따르면 북한은 우리나라인가요?
선생님, 헌법 제3조에는 "대한민국의 영토는 한반도 전체와 그 주변의 섬들까지 포함된다."라고 나와 있다고 하셨잖아요? 그렇다면 같은 한반도 안에 있는 북한 땅도 우리나라의 영토에 포함되는 걸까요?

네, 우리 헌법에서는 북한 영토도 대한민국의 일부로 보고 있어요. 그런데 현실은 조금 달라요. 북한은 1948년에 남한과 따로 정부를 세운 뒤로 스스로를 '조선민주주의인민공화국'이라고 부르고 있답니다. 북한도 자신들이 독립된 나라라고 주장하고, 우리와는 다른 법과 제도를 가지고 있어요. 우리나라가 우리 고유의 헌법을 가진 독립된 나라인 것처럼요. 그래서 지금은 남한과 북한이 서로 다른 나라처럼 존재하고 있는 거예요.

외국에 나갔을 때 자신을 한국 사람이라고 소개하면, 외국인이

"남한? 북한?"이라고 되묻는 경우가 많아요. 그만큼 생김새만 보고는 남한 사람인지 북한 사람인지 구분이 안 된다는 것이고, 또 한편으로는 다른 나라에서 볼 때 남한과 북한은 전혀 다른 나라라는 의미겠지요.

헌법 제3조는 대한민국 영토가 한반도 전체를 포함하고 있다는 희망을 담고 있어요. 북한과 남한이 하나의 나라로 다시 통일된다면 헌법 제3조는 현실에서도 딱 맞는 말이 될 거예요. 하지만 지금 이 조항을 문자 그대로 해석한다면, 북한 정부는 대한민국 영토를 불법으로 차지하고 있는 집단이라는 뜻이 돼요.

한편 헌법 제4조는 "대한민국은 통일을 지향하며, 자유민주적 기본질서에 입각한 평화적 통일정책을 수립하고 이를 추진한다."라고 규정하고 있죠. 헌법을 연구하는 학자들은 이 두 조항에 관해 여러 해석을 해요. 헌법 제3조에 따르면 북한 정부를 불법적인 집단이라고 해석하게 되는데, 제4조에 따르면 함께 통일을 이룩해야 할 파트너로 보는 것 같거든요.

이에 대해서는 아직 누구도 뚜렷한 답을 내릴 수가 없어요. 우리나라가 분단되어 있기 때문에 헌법 안에서도 이런 혼선이 생기는 것이지요.

　통일은 생각보다 쉽지 않아요. 북한과 남한은 정치 체제도 다르고, 서로를 바라보는 생각도 달라요. 그래서 지금은 통일을 위해 조금씩 대화를 이어가고 있어요. 남한과 북한은 서로 다른 체제를 가지고 있지만, 한민족이라는 점은 변하지 않아요. 그래서 우리는 북한 주민들과 언젠가 다시 만나 함께 살 날을 기대하고 있답니다.

　여러분도 헌법 제3조와 제4조를 함께 떠올리며, 한반도의 평화와 통일을 위해 우리가 무엇을 할 수 있을지 생각해 보면 좋겠어요. 작은 관심과 이해가 모이면 언젠가 통일에 한 발짝 더 다가설 수도 있고, 헌법 제3조를 보고도 아무런 의문을 품지 않게 될 날이 올지도 모른답니다.

헌법 퀴즈

배운 내용을 잘 이해했는지 확인해 볼까요?

1. 다음 빈 칸을 채워 보세요.

- 대한민국은 ⬜⬜⬜⬜⬜ 이다. (헌법 제1조 제1항)
- 대한민국의 주권은 국민에게 있고, 모든 권력은 ⬜⬜ 으로부터 나온다. (헌법 제1조 제2항)

2. 다음 중 헌법으로 나라를 통치한다는 정치 원리는 무엇일까요?

① 군주주의 ② 전제주의 ③ 입헌주의 ④ 법치주의

3. 다음 설명이 맞으면 ○표, 틀리면 ✕표를 해 보세요.

- 나라의 구조와 정치에 기본이 되는 가장 강한 법이면서 '법 중의 법'은 헌법이다. (○, ✕)
- 제헌절은 우리나라의 첫 번째 헌법이 만들어진 날을 기억하는 기념일이다. (○, ✕)
- 우리나라 헌법은 1945년에 처음 만들어졌고, 지금까지 우리를 지켜주고 있다. (○, ✕)

1. 민주공화국 / 국민 **2.** ③ **3.** ○ / ○ / ✕

> **친구들과 함께해 보는 헌법 토론**

📖 친구들이 헌법 제1장에 관한 자기 생각을 발표하고 있어요. 내 생각과 가장 비슷하게 말하는 친구를 골라 보세요.

철수

나는 우리나라가 민주공화국이라는 말이 자랑스러워. 왕이 아니라 국민이 주인인 나라라는 거잖아. 선거로 대통령을 뽑는 것도 멋지고, 투표할 수 있는 나이가 되면 꼭 투표할 거야!

나는 헌법에서 "통일을 지향한다."라는 말이 기억에 남았어. 그런데 요즘엔 남북이 서로 멀어진 것 같아. 통일이 정말 가능할까?

영희

찬우

나는 '국가는 국민을 위해 노력해야 한다.'라는 점이 중요하다고 생각해. 아픈 사람이나 어려운 사람을 돕는 것도 나라의 역할이라는 게 멋져.

국민이 주인이라는 건 알지만, 그냥 가만히 있기만 하면 주인이라고 인정하기 어려울 것 같아. 나라에서 벌어지는 일들에 대해 관심도 갖고, 목소리도 내야 진짜 주인이 되는 거 아닐까?

민수

💬 여러분의 생각이 정말 깊고 멋졌어요. 헌법 제1장에는 우리나라가 어떤 가치를 중요하게 여기는지, 국민과 국가는 어떤 관계를 맺어야 하는지가 담겨 있어요. 하지만 이 멋진 말들이 현실에서 진짜로 빛나기 위해선, 여러분처럼 생각하고 질문하는 태도가 꼭 필요하답니다. 우리는 모두 민주공화국의 주인이니까요!

제 2 장

헌법과 기본권

누구에게나 주어지는 가장 기본적인 권리, 기본권

기본권이란 무엇일까요?

여러분은 '권리'라는 말을 들어 본 적 있나요? 권리는 우리가 마땅히 누려야 할 것들을 뜻해요. 여러분은 학교에 다니며 공부할 권리가 있어요. 친구들과 놀 권리도 있고, 안전하게 생활할 권리도 있죠. 그런데 이런 권리는 어떻게 생긴 걸까요? 모든 사람에게는 태어나면서부터 평등하게 주어지는 권리가 있어요.

기본권은 '인권'과 비슷한 의미인데요. 인권이 인간이 태어나면서 갖는 자연적 권리라면, 기본권은 국민으로서 누릴 수 있는 헌법적 권리예요.

사람은 누구나 자유롭게 말할 수 있잖아요? "나는 이 생각에 찬성해요."라든가, "나는 이건 반대해요."라고 자신의 생각을 표현할 수 있죠. 또, 누구나 행복하게 살 권리도 있어요. 이런 것들은 사람이라면 누구나 누려야 하는 '기본'이 되는 권리라서 기본권이라고 해요.

여러분이 좋아하는 게임에서 '기본 아이템'을 떠올려 보세요. 게임을 시작할 때 기본적으로 가지고 있는 무기나 도구 같

은 것들이죠. 기본권도 마찬가지예요. 사람이라면 누구나 가지고 시작하는 권리인 거예요.

기본권은 누구도 빼앗지 못해요

기본권이 없다면 어떨까요? 만약 여러분이 하고 싶은 말을 자유롭게 할 수 없다면 어떨지 상상해 보세요. 누군가가 "너는 이 말을 하면 안 돼!"라며 입을 막는다면 너무 답답하겠죠? 또 누군가가 여러분을 함부로 잡아 가두거나, 자유롭게 하려는 일을 억지로 못 하게 막는다면 어떨까요? 정말 무섭고, 어쩌면 살아갈 희망이 없어질지 몰라요.

기본권이 없다면 사람답게 사는 게 어려워져요. 마음대로 생각하고, 배우고, 자유롭게 살아가는 일들이 불가능해지죠. 기본권은 우리 삶의 가장 중요한 기반이에요.

중요한 사실은, 기본권은 아무도 함부로 뺏을 수 없다는 거예요. 누구나 평등하게 기본권을 가지고 태어나며, 나이나 성별, 사는 나라와 상관없이 모두가 똑같이 누릴 수 있어요. 만약 어떤 나라에서 "이 사람은 중요하니까 권리가 더 많고, 저 사람은 덜 중요하니까 권리가 없어!"라고 한다면 어떨까요? 세상은 아주 불공평해지고, 싸움도 많이 생길 거예요.

기본권이 소중한 만큼, 이를 보호하기 위해 법이 있어요. 우리나라에서는 헌법이라는 가장 중요한 법이 기본권을 지켜줘요. 그 누구도 기본권을 침해받지 않도록 헌법이 딱, 정해 놓은 것이죠.

기본권이 잘 지켜지는 사회에서는 모두가 더 행복하고 안전하게 살아갈 수 있어요. 사람마다 다르다는 이유로 억울한 일을 당하지 않으니, 서로를 믿고 협력하며 살아갈 수 있죠. 여러분이 자유롭게 생각하고 표현할 수 있는 건 기본권 덕분이에요. 또, 다른 사람과 평등하게 존중받을 수 있는 것도 기본권이 있어서 가능한 일이에요.

기본권은 우리가 행복하고, 안전하고, 자유롭게 살 수 있게 도와주는 든든한 친구 같은 존재예요. 이 친구를 잘 기억하고, 다른 사람의 기본권도 존중하는 멋진 사람이 되어 봅시다.

헌법이 보장하는 기본권

기본권에는 어떤 것들이 있을까요?

여러분, 민주주의가 잘 이루어지지 않은 나라 중에서 선진국으로 발전한 나라가 있을까요? 선생님이 찾아봤을 땐 없었어요! 프랑스, 영국, 독일, 미국같이 민주주의가 성숙한 나라들을 보면, 이 나라들은 세계 경제를 이끌고 있을 뿐만 아니라 국민의 기본권도 소중히 여겨요. 민주주의 발전과 기본권 보장은 경제 발전의 중요한 바탕이 되기도 해요. 그건 저마다 자유롭게 생각하고 말할 수 있는 사회여야 많은 사람들이 자기 능력을 제대로 발휘할 수 있기 때문 아닐까요?

우리가 지금 정보화 시대의 편리함과 풍요로움을 누릴 수 있는 건, 사실 1960~1980년대에 우리나라의 민주화를 위해 애쓴 사람들이 있었기 때문이에요. 그때 많은 사람들이 국민의 기본권을 지키기 위해 열심히 노력했거든요.

우리 헌법에는 이런 민주주의 정신이 담겨 있어요. 헌법 전문에는 "불의에 항거한 4.19 민주 이념을 계승한다."라는 내용이 있는데, 이 말은 국민의 기본권을 침해하는 권력에 맞설 권리인 '저항권'의 중요성을 강조한 거예요.

앞서 헌법 제1장에 대해 살펴봤죠? 헌법 제2장은 국민의 권리와 의무가 무엇인지, 헌법이 보장하는 기본권이 무엇인지 담겨 있어요. 지금부터 헌법이 우리에게 지켜 주고자 하는 기본권은 어떤 것들이 있는지 들여다봅시다.

인간으로서의 존엄과 가치

혹시 '존엄'이라는 말을 들어 본 적 있나요? 조금 어렵게 느껴질 수 있지만, 간단히 말하면 존엄은 '소중함'이에요. 우리 모두는 태어날 때부터 아주 소중한 존재예요. 그래서 아무도 "너는 덜 중요해!"라고 말할 수 없어요. 이런 개인의 소중함을 지키는 것이 바로 헌법 제10조에 담긴 '인간의 존엄과 가치 및 행복추구권'이랍니다.

헌법 제10조에는 이렇게 나와 있어요. "모든 국민은 인간으로서의 존엄과 가치를 가지며, 행복을 추구할 권리를 가진다. 국가는 개인이 가지는 불가침의 기본적 인권을 확인하고 이를 보장할 의무를 진다." 이게 무슨 뜻일까요?

'인간으로서의 존엄과 가치를 가진다.'라는 건 한마디로, 인간으로 태어난 이상 존중받아야 할 소중한 가치가 있다는 뜻이에요. 또 그렇게 태어난 우리는 모두 행복하게 살 권리가 있어요. 이 권리는 인간의 존엄성과 함께 헌법 제10조에 적혀 있는데요, 존엄성 못지않게 중요한 의미를 담고 있어서, 따로 살펴보려 해요.

행복추구권

'행복을 추구할 권리'란 무엇일까요? 간단히 말하면, 각자 자신만의 행복을 찾고 누릴 수 있는 자유를 뜻해요. 그런데 너무 당연한 말이어서 '굳이 법으로 정해야 하나?'라는 생각이

들 수도 있어요. 하지만 역사를 살펴보면, 이렇게 당연해 보이는 권리조차 지키지 못했던 시절이 있었답니다.

'행복추구권'은 자유, 민주주의, 개인이라는 개념이 발전하면서 근대에 와서야 뚜렷해진 권리죠.

행복추구권이라는 개념은 1776년 미국의 버지니아 권리장전에서 처음 등장했어요. 이어서 미국 독립선언문에서는 국가의 역할이 국민의 '행복추구권'을 보장하는 데 있다고 했지요. 그 뒤로 몇몇 나라들이 헌법에 행복추구권에 관한 내용을 담았고, 우리나라도 1980년 개헌 때 이 조항을 넣었어요.

행복추구권은 포괄적 권리에 속해요. 포괄적 권리라는 게 뭐냐고요? 쉽게 말하자면, 헌법에 딱히 구체적으로 쓰여 있지 않더라도 국민이라면 당연히 보장받아야 하는 권리를 말해요. 예를 들면, 헌법에 '좋은 친구들과 놀 권리'라고 쓰여 있진 않아도, 여러분은 그런 행복을 누릴 수 있도록 보호받아야 해요.

다른 경우도 생각해 볼까요? 내가 하고 싶은 행동을 자유롭게 할 수 있는 행동의 자유권, 다른 사람에게 해를 입지 않도록 보호받을 수 있는 신체의 자유와 안전에 관한 권리, 전쟁이

나 폭력 없이 평화롭게 살 수 있는 평화적 생존권, 충분히 자고 쉴 수 있는 수면권과 휴식권, 건강하고 즐거운 삶을 위한 건강권과 여가권, 이 모든 것이 결국 '행복'을 위해 필요한 것들이에요. 사람마다 행복을 느끼는 방법은 다르겠지만, 이 권리들은 누구에게나 소중하답니다.

 그런데 헌법이나 다른 법에 '친구들과 놀 권리', '장래희망을 자유롭게 정할 수 있는 권리', '공부하다 힘들면 쉴 수 있는 권리' 등 개인이 행복을 느끼려면 갖추어야 할 권리 모두를 적는다면 법 조항이 수천, 수만 개가 될 수도 있잖아요. 그래서 이 모든 걸 합쳐 '행복추구권'이라는 포괄적 권리로 표현한 거랍니다.

행복추구권은 조금 추상적인 개념이기도 해요. 저마다 행복을 느끼는 이유는 다를 수 있기 때문이지요. 각자 다른 생각과 감정을 가진 사람들이 모두 자기만의 행복을 찾아갈 수 있도록 여건을 만들어 주는 것이 국가의 책임일 수 있어요. 그래서 행복추구권이라는 추상적 권리보다 더 구체적인 권리들을 하나씩 명시해서 행복을 지킬 수 있도록 해 두었어요. 앞으로 배울 평등권, 자유권, 참정권, 사회권, 청구권 같은 기본권들이 바로 그것이랍니다.

평등권

평등권은 무엇일까요? 우리나라 헌법 제11조 제1항은 "모든 국민은 법 앞에 평등하다. 누구든지 성별·종교 또는 사회적 신분에 의하여 정치적·경제적·사회적·문화적 생활의 모든 영역에 있어서 차별을 받지 아니한다."라고 규정함으로써 평등권을 보장하고 있어요.

다 같은 인간인 이상 누가 누구를 차별한다는 것은 있을 수 없는 일이잖아요? 학생이면 누구나 학교에서 친구들과 똑같이 교육을 받을 권리가 있어요. 그런데 선생님이 특정 학생에게만 공부를 가르쳐 주거나 더 잘해 준다면 이는 평등권을 침해하는 것이에요. 또, 직장에서 남자와 여자가 똑같은 일을 하

는데 어느 한쪽이 임금을 적게 받는다면, 이 역시 헌법이 보호하는 평등권에 어긋나는 일이죠.

대통령도, 법관도, 국회의원도, 우리 엄마와 아빠, 선생님도, 그리고 여러분도 모두 법 앞에서는 똑같은 사람이에요. 헌법은 "법 앞에 누구나 평등하다."라고 선언함으로써, 이 나라가 공정하고 평등한 질서를 유지하도록 지켜 줍니다.

자유권

자유권은 가장 오래된 기본권으로 말 그대로 '자유롭게 살아갈 권리'예요. 자유가 없다면 어떨까요? 당장에 지금 이 책을 읽고 싶어도 못 읽을 수도 있고, 또 읽기 싫어도 억지로 읽어야 할 거예요. 자유의 소중함은 누구나 알아요. 헌법은 자유롭게 살아갈 권리에 관해 꽤 구체적으로 명시해 두었어요. 하나하나 찬찬히 살펴볼게요.

우리나라 헌법에서는 신체의 자유, 정신적 자유, 사회·경제적 자유 등을 규정하고 있어요.

신체의 자유는 내 몸이 불법적으로 위협받지 않고, 내 마음대로 움직이고 활동할 수 있는 권리예요. 누군가가 이유 없이 나를 체포하거나 가두는 것은 절대 안 된다는 뜻이죠.

헌법 제12조 1항에는 "모든 국민은 신체의 자유를 가진다."라고 명확히 적혀 있어요. 또, 헌법 제12조, 제13조에 신체의 자유를 더 철저히 지키기 위해 몇 가지 중요한 원칙을 정해 놨어요. 법률에 근거하지 않은 체포, 수색이 금지되는 죄형법정주의와 적법 절차의 원리, 범죄자에 대한 고문 금지, 경찰이나 검사가 물어보더라도 대답하지 않을 권리인 묵비권 보장, 판사가 허락한 영장 없이는 집이나 물건을 뒤질 수 없는 영장 제도, 억울한 일을 당했을 때 변호사의 도움을 받을 권리, 자기의 행위가 아닌 타인의 행위로 불리한 처벌을 받지 않도록 하는 연좌제의 금지 등이에요.

처음 보는 말들이 많죠? 이 조항들은 대부분 법을 어겨 죄를 지은 사람을 제재할 때조차도 법이 허용하는 범위를 넘어설 정도로 신체의 자유를 억압해서는 안 된다는 내용이에요. 그러니까 죄를 저지르지 않은 사람에게는 말할 것도 없겠지요.

이 중 특히 여러분이 봤을 때 낯선 말이 눈에 띨 거예요. 바로 연좌제인데요. 연좌제란 어떤 사람이 죄를 저질렀을 때, 그 가족이나 주변 사람들까지 함께 처벌하는 제도를 말해요. 우리 헌법은 이런 연좌제를 금지하고 있어요. 왜냐하면 "죄는 오직 그 죄를 저지른 사람에게만 책임이 있다."라는 원칙을 지키기 위해서예요.

정신적 자유는 내가 어떤 생각을 하든 어떻게 표현하든 내 마음대로 할 수 있는 권리를 말해요. 헌법은 내가 옳다고 생각하는 것을 선택할 양심의 자유, 어떤 종교를 믿거나 믿지 않을 종교의 자유, 내 생각을 말하거나 글로 표현할 수 있는 언론·출판의 자유, 사람들이 모여서 의견을 나누고 단체를 만들 수 있는 집회·결사의 자유, 내가 하고 싶은 공부를 하거나, 그림을 그리고 음악을 만드는 것 모두 마음대로 할 수 있는 학문과 예술의 자유 등을 보장하고 있어요.

사회·경제적 자유는 내가 어디에 살고, 어떤 일을 하든 간섭받지 않고 내 재산을 자유롭게 관리할 수 있는 권리를 말해요. 여기에는 내가 살고 싶은 곳에 살고, 어디든 갈 수 있는 거주·

이전의 자유, 내 집을 안전하게 보호받고, 누구도 허락 없이 들어올 수 없게 하는 주거의 자유, 내 비밀과 개인 정보를 지킬 권리인 사생활의 비밀과 자유, 내가 가진 물건과 돈을 내 마음대로 사용할 수 있는 재산권 등이 포함돼요.

여러분이 살면서 이 중 어느 것 하나라도 침해받는 일이 생기면 "이건 옳지 않아요. 우리나라 최고 법인 헌법에 위배되는 일이에요!"라고 말할 수 있어야 해요.

참정권, 청구권, 사회권

우리가 기억해야 할 기본권은 또 있어요. 바로 참정권, 청구권, 사회권이에요. 어떤 친구들에겐 생소한 말일 수 있지만 선생님과 함께 뜻을 살펴보면 우리 생활에 아주 가까운 권리라는 걸 알 수 있을 거예요.

참정권은 '정치에 참여할 수 있는 권리'예요. 헌법 제24조에는 "모든 국민은 법률이 정하는 바에 따라 선거권을 가진다."라고 나와 있어요. 이에 따라 법으로 18세가 되면 누구나 대통령, 국회의원 등을 뽑는 선거에 참여할 수 있다고 규정해 두었어요. 참정권은 단순히 투표하는 권리에만 그치지 않아요. 여러분이 커서 대통령이나 국회의원이 되고 싶다면, 출마할 권리도 포함돼요. 이렇게 여러분은 나라의 중요한 결정에 직접 참여할 수 있답니다.

청구권은 '내 권리를 침해받았을 때 도움을 요청할 수 있는 권리'예요. 헌법 제27조 제1항은 "모든 국민은 헌법과 법률이 정한 법관에 의하여 법률에 의한 재판을 받을 권리를 가진다." 라고 규정해요. 그래서 누군가 여러분의 소중한 물건을 훔쳐 갔다면 경찰에 신고하고 재판을 요청할 수 있어요. 또, 만약 여러분이 억울한 일을 당했고 법이나 제도가 바뀌었으면 좋겠다고 생각된다면, 국회나 대통령에게 직접 의견을 낼 수 있는 청원권을 이용할 수도 있어요. 이처럼 청구권은 억울한 일을 당했을 때 정의를 찾을 수 있는 길을 열어 줘요.

사회권은 '모두가 행복하게 살 수 있도록 국가가 돕는 권리'예요. 헌법 제34조 제1항은 "모든 국민은 인간다운 생활을 할 권리를 가진다."라고 명시해요. 그래서 국가는 국민이 먹고, 자고, 공부할 수 있는 환경을 만들어야 해요. 예를 들어, 형편이 어려운 학생은 국가가 지원하는 장학금을 받을 수 있어요. 또, 병원비가 부담되는 사람은 건강보험으로 진료비의 일부를 지원받을 수 있지요. 이러한 제도는 모두 사회권을 실현하기 위한 국가의 노력이에요.

하나씩 더 알아가다 보니, 참정권, 청구권, 사회권 모두 자유권이나 평등권과도 아주 밀접하게 이어져 있는 것처럼 느껴지지 않나요?

이 다섯 가지 기본권은 모두 앞서 말한 인간답게 살아갈 권리, 행복추구권을 보장하기 위한 구체적인 내용들이기도 해요. 헌법은 단순히 책 속에 있는 글자가 아니라, 여러분의 일상 속에서 권리를 지켜 주는 든든한 울타리입니다.

헌법에서 말하는 국민의 의무

의무 없는 권리가 존재할 수 있을까요?

여러분, 부모님이 "공부해라!", "방 청소해야지!"라고 말씀하시면 간혹 귀찮고 잔소리처럼 들릴 때가 있죠? 그런데 만약 나라가 여러분에게 "이건 꼭 해야 해요!"라고 말한다면 어떨까요? 아마 처음엔 "왜 해야 하죠? 귀찮은데요!"라고 생각할 수도 있어요.

하지만 부모님도 여러분이 잘 크도록 돌봐 주시고 챙겨 주시잖아요. 가족 안에서 서로를 위해 해야 할 일이 있는 것처럼, 나라 역시 국민이 안전하고 행복하게 살 수 있도록 여러 가지 권리를 보장해 줘요. 그런데 국민으로서 권리만 보장받고 모든 걸 멋대로만 한다면 공정하지 않겠지요? 국민에게도 책임과 의무가 있어요.

그런데 이 의무들, 생각보다 중요한 일들이랍니다. 헌법에는 나라를 잘 유지하고 발전시키기 위해 국민이 해야 할 '여섯 가지 의무'가 적혀 있어요. 그게 뭐냐고요? 바로 나라를 지키는 '국방의 의무', 세금을 내는 '납세의 의무', 자녀를 학교에 보내야 하는 '교육의 의무', 일해야 하는 '근로의 의무', 자기 재산이라도 다른 사람과 사회를 위해 바르게 써야 하는 재산권 행사의 '공공복리 적합 의무', 그리고 환경을 깨끗하게 지키는 '환경보전의 의무'예요.

이 중에서 국방의 의무, 납세의 의무는 국민이라면 꼭 해야 하는 의무예요. 그리고 교육의 의무, 근로의 의무, 환경보전의 의무는 권리인 동시에 의무이기도 해요. 그렇다면 국민으로서 어떤 의무를 지키며 살아야 하는지, 하나씩 살펴볼까요?

국민이 지켜야 할 여섯 가지 의무

우리가 학교에 다니고, 친구들과 놀고, 가족과 행복하게 지낼 수 있는 건 왜일까요? 바로 우리나라가 안전하고 평화롭기 때문이에요. 그런데 나라가 평화롭게 유지되려면 어떻게 해야 할까요? 바로 나라를 지키는 일이 필요해요.

헌법 제39조에는 '국방의 의무'가 적혀 있어요. "모든 국민은 나라를 지킬 의무가 있다."라는 내용이죠. 우리나라가 안전하려면 국민 모두가 힘을 모아 영토를 지켜야 해요. 특히 우리나라는 분단된 상태라 국방의 의무가 더욱 중요하답니다.

또 하나 중요한 의무는 '납세의 의무'예요. 헌법 제38조에 규정되어 있죠. 납세란 세금을 내는 일을 말하고, 세금은 나라가 잘 돌아가도록 돕는 중요한 돈이에요. 이 돈은 경찰, 군대, 학교 등을 운영하는 데 쓰입니다. 우리가 누리는 여러 혜택과 서비스도 결국 이 세금으로 운영되는 거예요. 그런데 만약 세금을 내지 않으면 어떻게 될까요? 세금을 안 낸 사람에게는 벌로 추가 금액을 물게 하거나, 해외여행을 못 가게 할 수도 있어요. 더 심각한 경우에는 이름이 공개되기도 하죠.

헌법 제31조에는 교육의 권리와 의무에 관해 적혀 있어요. 특히 2항에 "모든 국민은 그 보호하는 자녀에게 적어도 초등교육과 법률이 정하는 교육을 받게 할 의무를 진다."라고 나와 있지요. 이게 무슨 뜻이냐면, 모든 부모는 자녀가 교육받을 나이에 꼭 알아야 할 것을 배우고, 세상을 잘 살아갈 수 있는 능력을 키우도록 학교에 보내야 한다는 거예요. 이는 단순히 의무이기만 한 게 아니라, 여러분이 더 멋진 미래를 꿈꿀 수 있도록 돕는 권리이기도 해요.

헌법 제32조에는 근로와 관련된 중요한 권리와 의무가 담겨 있어요. 헌법 제32조 제1항에는 "모든 국민은 근로의 권리를

가진다."라고 명시돼 있고, 제32조 제2항에는 "모든 국민은 근로의 의무를 진다."라고 나와 있어요. 모든 국민은 원하는 직업을 선택하고, 일하면서 더 나은 삶을 살 권리가 있어요. 일을 한다는 건 나 자신을 위한 것이지요. 하지만 동시에 일을 통해 나라와 사회에 도움을 줄 의무도 있다는 거예요.

여기까지가 국민의 4대 의무예요. 여기에 2대 의무인 '재산권 행사의 공공복리 적합 의무'와 '환경보전의 의무'가 더해져요.

'재산권 행사'라든지 '공공복리'라는 말이 어렵게 느껴지죠? 이런 생각을 해 볼까요? 땅이나 집 같은 재산은 개인이 소유할 수 있죠. 하지만 헌법에는 재산을 사용할 때 공공의 이익, 즉 모두의 이익을 생각해야 한다고 나와 있어요.

예를 들어, 어떤 사람이 땅을 가지고 있는데, 그곳에 고속도로가 꼭 필요하다면 어떻게 해야 할까요? 재산권 행사의 자유는 아주 소중하지만, 때로는 나라 전체의 이익을 위해 이 권리가 제한되기도 해요. 그러니까 어떤 때는 자신이 소유한 땅을 팔고 싶지 않아도, 국가가 적정한 돈을 주면서 땅을 팔게 하는 경우가 생겨요. 헌법 제23조에 "재산권의 행사는 공공복리에 적합하도록 하여야 한다."라고 적혀 있기 때문이에요.

또 한 가지 중요한 게 있어요. 바로 환경을 보전할 의무예요. 헌법 제35조에는 "모든 국민은 건강하고 쾌적한 환경에서 생활할 권리를 가지며, 국가와 국민은 환경보전을 위하여 노력하여야 한다."라고 적혀 있어요.

왜 환경을 지켜야 할까요? 환경은 우리가 후손들에게 물려줄 소중한 자원이기 때문이에요. 사실은 우리가 후손의 땅과 바다, 하늘을 잠시 빌려 쓰고 있는 거라고도 할 수 있어요. 우리가 여행할 때 잠시 머물다 가는 공간을 엉망진창으로 만들어 놓는다면 그다음에 오는 사람이 힘들어지겠죠? 그것과 마찬가지예요. 쓰레기를 줄이고, 나무를 심고, 물을 아껴 쓰는 것 모두 환경을 지키는 방법이지요.

이처럼 헌법에는 우리가 누려야 할 권리뿐 아니라 꼭 지켜야 할 의무도 함께 담겨 있어요. 권리만 누리고 의무는 하지 않는다면 나라가 제대로 돌아가기 어렵겠죠? 마치 친구와 함께 노는 데 규칙은 지키지 않고 자기 하고 싶은 것만 하면 다

틈이 생기는 것처럼요.

　국민의 의무는 모두가 함께 잘살기 위해 꼭 필요한 약속이에요. 국방의 의무는 우리나라를 안전하게 지키기 위한 것이고, 납세의 의무는 우리가 함께 살아가는 사회를 유지하는 데 필요한 돈을 내자는 거예요. 교육의 의무는 나와 친구들이 더 나은 미래를 준비하도록 돕는 것이고, 근로의 의무는 우리 사회를 움직이게 하는 힘이에요. 재산은 내 것이지만, 모두를 위한 공공의 이익도 생각해야 하고, 깨끗한 환경은 지금뿐 아니라 미래를 위해 꼭 지켜야 하죠.

　그럼 우리는 지금 무엇을 할 수 있을까요?

　바로 작은 실천부터 시작하면 돼요. 수업 시간에 열심히 참여하고, 친구가 다치면 도와주고, 공공장소에서는 차례를 지키는 것부터 해 보는 거예요. 이런 행동 하나하나가 더 좋은 사회를 만드는 밑바탕이 될 수 있어요.

　여러분이 지켜야 할 의무는 단지 '해야 하는 일'이 아니에요. 바로 더 좋은 세상을 만드는 첫걸음이랍니다. 우리 모두 함께, 멋진 시민이 되어 봐요!

조금 더 알아보자, 헌법!

📖 헌법 전문을 쉽게 풀어 볼까요?

헌법의 맨 앞부분에는 학교에서 쓰는 '급훈'과 비슷한 '헌법 전문'이라는 글이 있어요. 급훈은 반 친구들이 모두 함께 지켜야 할 덕목이자 약속이잖아요. 헌법 전문은 우리나라 전체가 꿈과 목표를 가지고 함께 잘살기 위해 만든 약속이 담긴 아주 특별한 문장이에요. 1987년 만들어진 헌법 전문은 엄청나게 긴 한 문장으로 되어 있어요.

> "유구한 역사와 전통에 빛나는 우리 대한국민은 3.1운동으로 건립된 대한민국 임시정부의 법통과 불의에 항거한 4.19민주이념을 계승하고, 조국의 민주개혁과 평화적 통일의 사명에 입각하여 정의·인도와 동포애로써 민족의 단결을 공고히 하고, 모든 사회적 폐습과 불의를 타파하며, 자율과 조화를 바탕으로 자유민주적 기본질서를 더욱 확고히 하여 정치·경제·사회·문화의 모든

"영역에 있어서 각인의 기회를 균등히 하고, 능력을 최고도로 발휘하게 하며, 자유와 권리에 따르는 책임과 의무를 완수하게 하여, 안으로는 국민 생활의 균등한 향상을 기하고 밖으로는 항구적인 세계평화와 인류 공영에 이바지함으로써 우리들과 우리들의 자손의 안전과 자유와 행복을 영원히 확보할 것을 다짐하면서 1948년 7월 12일에 제정되고 8차에 걸쳐 개정된 헌법을 이제 국회의 의결을 거쳐 국민투표에 의하여 개정한다."

헌법 전문에는 다섯 가지 큰 주제가 담겨 있어요.

첫째, 대한민국은 독립운동의 정신으로 세워졌다는 것이에요. 우리 할아버지, 할머니 들은 나라를 되찾기 위해 큰 노력을 하셨답니다. 대한민국 임시정부의 법통을 계승한다는 건 그분들의 노력을 잊지 않겠다는 뜻이에요.

둘째, 대한민국은 자유와 평화를 지향하는 민주주의 국가라는 것이에요. 4.19민주이념을 계승한다는 건 민주주의의 가치를 지키

겠다는 의지랍니다.

셋째, 대한민국은 정의로운 사회를 향해 가겠다는 것이에요. 옳고 그름을 잘 판단하는 나라가 되겠다는 것이죠. 나쁜 일이 생기면 바로잡고, 좋은 일을 키워 가자는 거예요.

넷째, 대한민국은 국민의 행복을 최우선으로 하는 나라라는 것이에요. 모든 사람들이 균등한 기회를 갖고 자신의 능력을 맘껏 펼칠 수 있는 나라가 된다면 모두가 행복을 향해 나아갈 수 있을 거예요.

마지막으로 세계와 함께하는 대한민국이 되자는 것이에요. 우리만 잘사는 게 아니라 인류 전체의 발전을 꿈꾸며 다른 나라와 함께 더불어 잘사는 평화로운 세상을 추구하자는 내용도 담겨 있어요.

이렇게 헌법 전문에는 우리나라가 어떤 나라가 되고 싶은지, 어떤 가치를 중요하게 생각하는지에 대한 다짐이 담겨 있어요. 처음에는 어렵게 느껴졌을지 모르지만, 하나하나 풀어 보니 조금 더 가

깝게 느껴지지 않았나요?

　헌법 전문은 마치 우리나라의 '국가 선언문' 같아요. "우리는 이런 나라를 만들 거예요!" 하고 모두가 함께 약속한 꿈이 담긴 문장이에요. 지금 우리가 누리는 자유, 평화, 교육의 기회, 안전한 생활은 모두 이 헌법의 정신에서 출발했다고 할 수 있어요.

　그럼 왜 이렇게 긴 문장을 헌법 맨 앞에 넣었을까요?

　그건 바로 헌법을 만들 때 어떤 마음과 생각으로 만들었는지를 우리 모두에게 잊지 않게 하기 위해서예요. 헌법 전문은 법의 시작이자, 나라의 방향을 알려 주는 나침반 같은 역할을 한답니다. 마치 긴 여행을 떠나기 전에 '이 여행의 목적은 무엇인지, 우리가 잊지 말아야 할 것은 무엇인지'를 먼저 이야기하는 것처럼요.

　또 하나 기억할 점은, 헌법 전문에 담긴 다섯 가지 주제는 단순히 과거 이야기만이 아니란 거예요. 지금을 살아가는 우리에게도 아주 중요한 가치들이에요. 나라를 지키기 위해 애쓴 독립운동 정신은 지금 우리가 역사를 바르게 배우는 태도로 이어지고 있어요.

　자유와 민주주의는 우리가 서로의 의견을 존중하고, 친구들과 다툼 없이 지내는 방법 속에 살아 있어요. 정의로운 사회는 작은 일에도 바른 판단을 내리고, 잘못된 일이 있다면 용기 내어 말하는 습관으로 자라나고요.

　모두가 행복한 나라를 만들기 위해서는 친구를 괴롭히지 않고, 서로 도와주는 마음이 필요해요. 그리고 세계와 함께 살아가려면, 다른 나라 문화도 존중하고, 지구를 아끼는 마음도 꼭 필요하죠.

　이처럼 헌법 전문은 단지 글자가 많은 문장이 아니라, 우리가 어떤 마음으로 살아가야 할지를 알려주는 따뜻한 약속이에요. 여러분이 지금 학교에서 배우고, 친구들과 어울리고, 가족과 지내는 평범한 하루하루 속에도 사실은 이 헌법 전문에 담긴 가치들이 숨겨져 있어요.

　언젠가 여러분이 어른이 되어 사회의 일원이 되었을 때, 이 헌법 전문을 다시 한 번 떠올려 보세요. 아마도 '아, 그때 배운 헌법 전문이 이런 뜻이었구나!' 하고 미소 지을 수 있을 거예요.

선생님, 질문 있어요!

기본권은 언제나 지켜지나요?
선생님, 기본권은 아주 중요한 거라고 하셨는데요. 그렇다면 기본권은 어떤 경우라도 침해할 수 없는 건가요?

국민으로서 꼭 누려야 할 기본권은 언제나, 어떤 경우든 100퍼센트 지켜지는 건지 궁금한 거죠?

국가는 많은 사람들이 모여서 함께 살아가는 곳이에요. 그래서 한 사람의 자유와 권리뿐만 아니라, 모두가 잘살 수 있도록 사회 전체의 이익도 중요하게 생각해야 해요. 이 때문에 때로는 개인의 권리를 조금 제한해야 할 때가 있어요.

여기서 중요한 개념이 바로 '기본권의 제한'이에요. 국가는 국민의 권리를 지켜 주는 걸 가장 중요한 목표로 여겨야 하지만, 나라 전체를 위해 개인의 권리를 일부 제한해야 할 경우가 있답니다.

예를 들어, 학교는 내가 교육받을 권리를 펼칠 수 있는 곳이지만, 한편으로는 모든 학생의 안전과 권리를 골고루 지켜 주기 위해 규율을 정하고 제재를 가하기도 하지요. 나라도 마찬가지입니다. 이를 '기본권의 제한'이라고 불러요.

이런 경우를 생각해 봅시다. 모든 국민은 표현의 자유라는 기본권을 가져요. 그런데 누군가 인스타그램에 친구를 혐오하거나 차별하는 글을 올렸을 때도 표현의 자유로 존중해 줘야 할까요? 이럴 땐 형법상 모욕죄나 명예훼손죄로 처벌 받을 수 있겠지요. 이렇듯 기본권은 무제한적으로 인정되는 게 아니에요.

중요한 건 기본권을 제한할 때는 반드시 그 목적과 이유가 분명해야 하고, 정해진 기준과 절차를 따라야 한다는 점이에요. 이렇게 해야 국민 모두의 권리를 공평하게 지킬 수 있으니까요.

그럼, 헌법에서 이와 관련된 내용을 함께 살펴볼까요?

헌법 제37조 제2항은 "국민의 모든 자유와 권리는 국가 안전 보장, 질서 유지 또는 공공복리를 위하여 필요한 경우에 한하여 법률로써 제한할 수 있으며……"라고 규정하고 있어요.

'국가 안전 보장'은 우리나라를 위험에서 지킨다는 뜻이에요. 만약 다른 나라가 우리를 공격할 수 있는 중요한 비밀을 누군가 말하려고 한다면, 그걸 막아야겠죠? 이때 국민의 기본권 중 하나인 자유권을 주장하며 "내 마음대로 말하게 해 달라."라고 주장해선 안 될 거예요. 하지만 이럴 때도 무턱대고 막을 수는 없고, 이런 위험한 일을 못 하게 기준을 정하는 법이 필요한 거예요.

'질서 유지'는 모두가 규칙을 지키며 조화롭게 사는 걸 말해요. 횡단보도에서 빨간불일 때 건너면 위험하니까, 이를 막는 교통 법규가 있어요. 이렇게 질서를 지킬 수 있도록 법을 만들어 두면 사고를 막고 모두가 편안하게 다닐 수 있답니다.

'공공복리'는 '모두의 행복과 이익'을 말해요. 아파트에서 밤늦게 큰 소리로 음악을 틀면 이웃이 잠을 못 자니까, 소음을 막는 법이 있어요. 이런 규칙은 우리 모두가 더 잘살기 위해 필요해요.

이처럼 우리 모두가 안전하고 행복하게 살기 위해 때로는 자유와 권리가 조금 제한될 수도 있어요. 하지만 이런 제한은 반드시 모두의 이익을 위한 것이어야 하고, 법으로 정해진 기준을 따라야 한다는 점을 꼭 기억합시다.

> 기본권과 기본권이 충돌하면 어떻게 되나요?
> 선생님, 친구들과 놀다 보면 각자 자기 권리를 주장하느라 다툴 때가 있어요. 국민들끼리도 기본권을 가지고 다투는 경우가 있을까요?

아주 좋은 질문이에요. 이런 예를 들어 볼까요?

직장인 A씨는 매주 주말 시청 앞에서 열리는 집회에 참가했어요. 헌법 제21조 제1항에 따르면, 집회의 자유는 A씨가 가진 중요한 기본권이에요. 그런데, 시청 근처에서 가게를 운영하는 B씨는 집회에 몰린 인파 때문에 손님이 줄어들어 큰 손해를 봤어요. B씨는 "내 영업의 자유와 재산을 지킬 권리가 침해당했다!"라고 주장했죠. 이렇게 A씨와 B씨의 기본권이 서로 부딪히는 상황을 '기본권의 충돌'이라고 해요.

기본권이 충돌하면, 누가 옳고 그른지를 따지는 대신, 두 권리를 잘 조율하는 방법을 찾아야 해요. 이를 해결하는 기준 중 하나는 더 중요한 기본권을 우선하는 거예요. 예를 들어, 헌법재판소는 흡연하고 싶은 사람의 흡연권과, 담배 연기를 피하고 싶은 사람의 혐연권이 부딪히는 상황에서는 혐연권이 더 중요하다고 판단했어요. 왜냐하면, 혐연권은 건강과 직결된 중요한 권리이기 때문이에요. 이런 생각을 '이익 형량 이론'이라고 해요. 법으로 지켜 줘야 할 이익을 저울질해 본다는 의미지요.

또 다른 방법은 두 권리를 모두 존중하면서 균형을 맞추는 거예요. 예를 들어, 신문이나 뉴스의 보도로 명예를 훼손당했다고 생각하는 사람은 '반론권'을 행사할 수 있어요. 반대로, 언론사가 지닌 '자유롭게 보도할 권리'도 중요하죠. 이럴 때는 두 권리가 잘 어우러질 수 있는 방법을 찾는 거예요. 이런 방식을 '규범 조화적 해석 이론'이라고 해요. 두 기본권 모두 최대한 존중할 방법을 찾는다는 의미랍니다.

기본권은 우리 생활 곳곳에서 서로 충돌할 수 있어요. 하지만 어느 한쪽의 기본권만 강조하면 다른 쪽이 피해를 볼 수 있겠죠. 그래서 우리 모두가 더불어 살아가기 위해서는 내 권리뿐 아니라, 다른 사람의 권리도 소중하다는 점을 항상 기억해야 해요. 이렇게 서로를 배려한다면 더 행복하고 조화로운 사회를 만들 수 있겠죠?

헌법 퀴즈

배운 내용을 잘 이해했는지 확인해 볼까요?

1. 다음 빈 칸을 채워 보세요.

- 국민의 모든 자유와 권리는 국가 안전 보장, 질서 유지 또는 ☐☐ ☐☐를 위해 필요한 경우에 한하여 법률로써 제한할 수 있으며, 제한하는 경우에도 자유와 권리의 본질적인 내용을 침해할 수 없다. (헌법 제37조 제2항)

- 유구한 역사와 전통에 빛나는 우리 대한국민은 ☐☐☐☐ 으로 건립된 대한민국임시정부의 법통과 불의에 항거한 4.19민주이 념을 계승하고……. (헌법 전문)

2. 다음 설명이 맞으면 ○표, 틀리면 ×표를 해 보세요.

- 청구권은 '내 권리를 침해받았을 때 국가에 도움을 요청할 수 있는 권리'이다. (○ , ×)
- 헌법 제2장은 국민의 권리와 의무에 대한 조항이다. (○ , ×)

1. 공공복리 / 3.1운동 **2.** ○ / ○

친구들과 함께해 보는 헌법 토론

친구들이 '기본권'에 관한 자기 생각을 발표하고 있어요. 내 생각과 가장 비슷하게 말하는 친구를 골라 보세요.

철수: 기본권은 사람이 태어날 때부터 가지는 아주 소중한 권리야. 그러니까 그 권리를 자유롭게 주장하며 살아가는 건 너무나 당연하다고 생각해. 누구도 마음대로 막아선 안 돼.

영희: 맞아! 그런데 우리 할아버지 땅이 그린벨트로 지정돼서 집도 못 짓고, 땅도 팔 수 없게 됐대. 환경이 중요하다는 건 알지만, 우리 땅을 개발하지 못하게 하는 건 좀 부당한 것 같아.

찬우: 영희 말도 이해돼. 하지만 환경을 보호하는 건 모두를 위한 일일 수도 있잖아. 기본권은 중요하지만, 모두를 위해 때로는 권리를 조금 양보해야 할 때도 있는 것 같아.

민수: 나는 재산권을 제한해서 환경을 보호하는 건 좋은 일일 수도 있다고 생각해. 그런데 그런 결정이 모두에게 공평하게 적용되는지가 더 중요한 문제 같아. 어느 한 사람만 희생한다면 불공평하지.

💬 영희네 할아버지 땅이 그린벨트로 지정된 걸 두고도 다양한 생각이 나왔네요. 누가 맞고 틀렸다기보다는, 왜 이런 권리가 생겼고 또 어떤 상황에서 조정될 수 있는지를 고민해 보는 게 더 중요해요. 기본권은 우리 모두에게 꼭 필요한 소중한 권리지만, 때로는 다른 사람의 권리나 사회 전체의 이익과 부딪힐 수도 있거든요. 여러분이 내 권리를 똑똑하게 지키면서 다른 사람의 권리를 함께 생각할 줄 아는 멋진 시민으로 자라나길 응원할게요!

제 3 장

입법부의 역할

건강한 권력 행사를 위한 삼권분립

삼권분립이란?

우리가 입법부에 관해 알아보기 전에, 먼저 살펴볼 개념이 있어요. 바로 '삼권분립'입니다. 입법부는 삼권분립의 한 축이거든요.

헌법은 국가의 가장 기본적인 규칙을 정하고, 국민을 보호하기 위한 소중한 권리도 담고 있어요. 그런데 이런 권리와 규칙을 제대로 지키려면 나라를 운영하는 방법도 참 중요하답니다.

게임이 규칙에 따라 진행되듯, 국가가 법에 의해 운영되는 것을 '법치주의'라고 해요. 그런데 만약 법을 만들고, 집행하고, 잘잘못을 판단하는 것을 한 사람이나 하나의 기관이 담당한다면 어떻게 될까요? 어느 한 집단이나 사람이 나라의 모든 일을 자기 마음대로 처리해 버릴 수 있게 될 거예요. 그렇다면 나라의 운영도 엉망이 될 수 있고 국민의 권리가 침해될 가능성이 크겠죠? 이렇듯 커다란 권력이 한곳에 몰려 있으면 잘못 사용될 수도 있어요. 그런 일을 막기 위해 여러 국가기관이 각각 역할을 나누어 담당하는 것을 '권력분립'이라고 해요.

특히 법을 만드는 건 국민의 대표인 '입법부(국회)'에 맡기고, 법을 집행하는 건 '행정부(대통령을 비롯한 정부)'가 하도록 하며, 헌법과 법에 따라 옳고 그름을 판단하는 역할은 '사법부(법원)

에 맡기는 것을 '삼권분립'이라 해요. 세 개의 기관에 권력을 나눠 두는 것이죠. 입법부, 행정부, 사법부는 삼권분립을 지켜 내는 당당한 주역이에요.

삼권분립은 어떻게 지켜질까요?

국가의 권력이 한곳에 집중되는 것을 막아 국민의 자유와 권리를 보장하는 '삼권분립'. 만약에 권력이 제대로 나뉘어 있지 않다면 어떻게 될까요?

예를 들어, 나라의 일을 총괄하는 행정부가 지나치게 강해지면 문제가 생길 수 있답니다. 실제로 제2차 세계 대전을 일으킨 히틀러는 법을 만드는 일을 원래 맡아야 할 입법부가 아닌 행정부에서 하도록 바꿨어요. 독재를 하기 위해서였죠.

대통령제 국가에서 행정부 수반인 대통령이 너무 많은 권력을 가지면 그 권력을 마음대로 사용해서 국민의 자유와 권리를 위협할 수도 있어요. 그렇다고 대통령의 권한이 너무 약해서 입법부나 사법부가 대통령의 일을 지나치게 간섭한다면 어떤 일이 일어날까요? 대통령은 국민을 위해 해야 할 일을 제대로 하지 못할 거예요. 이렇게 한 기관이 지나치게 많은 힘을 가지거나 너무 약하면 큰 문제로 이어질 수 있어요. 입법부, 행정부, 사법부가 서로 견제하면서도 협력해서 힘의 균형을 맞추어야 국민의 자유와 권리를 더 잘 지킬 수 있답니다.

자, 그렇다면 이 세 기관은 서로 어떻게 견제하고 있을까요?

먼저 머릿속에 철수, 영희, 시우, 이 세 사람이 대등한 입장에서 각자 맡은 일을 하고 있는 모습을 떠올려 보세요.

철수가 너무 막강한 힘을 쓰지 못하도록 영희가 지켜보고, 영희가 옳지 않은 행동을 하지 않도록 시우와 철수가 감시하며, 시우가 제멋대로 하지 못하게 철수와 영희가 견제할 수 있겠죠. 이런 모습이 바로 국가의 제도 속에 그대로 담겨 있는 거예요.

지금 떠올린 철수, 영희, 시우를 각각 입법부, 행정부, 사법부로 바꿔서, 헌법에는 어떤 견제 장치들이 마련되어 있는지 함께 살펴봅시다.

국회(입법부)는 행정부 각 부처를 대상으로 20일 동안 국정

감사를 해요. 국정감사란 정부가 나라 살림을 제대로 하고 있는지 국회가 국민을 대신해 살펴보는 활동이에요. 또 대법원장을 임명할 때, 국회가 동의하거나 반대해서 정부와 법원을 견제할 수 있어요.

행정부에서는 대통령이 국회가 만든 법률안에 대해 거부권을 행사할 수 있어요. 또 특별히 죄를 용서해 주는 권한인 사면권을 사용해 법원을 견제할 수 있어요.

법원은 국회가 만든 법이 헌법에 어긋나는지 판단해 달라고 요청할 수 있고, 정부가 법에 따라 제대로 행동했는지도 판단해요.

이런 식으로 세 기관은 각자 힘을 함부로 쓰지 못하도록 견제하고 감시하는 역할을 한답니다.

최초로 삼권분립을 주장한 프랑스의 정치철학자 몽테스키외는 국가를 건강한 나무에 비유했어요. 나무가 건강하려면 뿌리, 줄기, 가지가 서로 각자 역할을 잘하도록 도와야 하죠? 삼권분립도 똑같아요. 입법부, 행정부, 사법부가 서로를 잘 살피며 힘을 나눠 가지면 국가가 건강하게 자랄 수 있어요.

입법부, 국회가 하는 일

국회란 어떤 곳일까요?

여러분, 혹시 국회의사당에 가 본 적 있나요? 국회의사당은 어디에 있고, 거기서는 누가 무슨 일을 할까요? 여의도에 가면 지붕이 둥글게 생긴 큰 건물이 하나 보일 거예요. 그 건물이 바로 우리나라 국회의사당이에요! 이곳에서는 국회의원들과 그들을 돕는 공무원들이 일하고 있답니다.

그렇다면 국회의원들이 국회 안에서 하는 일을 좀 더 자세히 알아볼까요?

국회의 가장 중요한 권한은 바로 국민의 뜻에 따라 '법을 만드는 권한'이에요. 법은 우리가 지켜야 할 규칙이자 나라를 움직이는 기본 틀이에요. 국회의원들은 국민의 의견을 모아서 필요한 법을 만들고, 기존의 법을 바꿀 수도 있어요.

또, 나랏돈을 어떻게 쓸지 결정할 권한이 있어요. 여러분이 용돈을 어떻게 쓸지 계획을 세우는 것처럼, 정부가 나라를 운영하려면 돈을 적절히 잘 써야 하겠죠? 나랏돈이 아무런 계획 없이 사용된다면 낭비가 심할 수 있기 때문에 돈을 어떻게 벌고 어떻게 쓸 것인지 계획을 짜야 하는데 그런 계획을 '예산'이라고 해요. 국회는 정부가 예산을 제대로 짰는지 확인해요. 그리고 그 예산을 계획대로 잘 집행했는지도 따져봐요. 이처럼 국회의 승인이 없으면, 정부는 나라의 돈을 쓸 수 없답니다. 그래서 국회는 나라 살림을 책임지는 곳이기도 해요.

이뿐 아니죠. 만약 정부가 실수하거나 잘못된 결정을 내리면, 국회가 이를 바로잡을 수 있어요. 예를 들어, 어떤 장관이 일을 제대로 하지 못하면 국회는 그 장관을 해임하도록 요구할 수 있어요.

국회는 우리나라의 미래를 좌우할 중요한 문제들을 논의하고 결정하는 곳이기도 해요. 어디선가 전쟁이 났을 때 우리 군대를 보내는 일처럼 나라의 중요한 일을 결정할 때는 꼭 국회의 허락을 받아야 해요.

이처럼 국회는 국민의 대표기관으로서 법을 만들고, 나라의 돈을 관리하며, 정부를 감시하는 아주 중요한 일을 해요.

여기서 잊지 말아야 할 건, 국회의원들은 국민의 뜻에 따라 일해야 한다는 점이에요. 국회는 국민의 뜻을 가장 잘 반영해야 하는 기관이기 때문에, 우리 모두가 관심을 가지고 지켜보는 것이 중요하답니다.

국회의원은 어떻게 뽑을까요?

국회의원은 국민의 뜻을 전달하는 국민의 대표로서 국회를 이루는 구성원이에요. 그래서 국민이 직접 투표를 통해 뽑습니다.

우리나라 헌법 제41조 제1항은 "국회는 국민의 보통·평등·직접·비밀선거에 의하여 선출된 국회의원으로 구성한다."라고 규정하고 있어요.

국민의 선거에 의하여 선출되는 국회의원은 임기가 4년이며(헌법 제42조), 선거에 후보로 나가기 위해서는 25세 이상이어야 해요. 헌법 제41조 제2항에서는 "국회의원의 수는 법률로 정하되, 200인 이상으로 한다."라고 정해 놓았는데, 2025년 기준으로 우리나라 국회의원은 총 300명이에요.

그렇다면 국회의원은 어떻게 뽑을까요? 선거 운동 기간에 국회의원 후보자들이 어깨에 띠를 두르고 주민들과 인사를 나누는 모습을 본 적 있나요? 그 후보자는 자신이 속한 정당을 대표해 우리 동네, 그러니까 지역을 대표하는 '지역구 국회의원'으로 출마한 사람이에요. 지역구 국회의원은 각 지역에서 가장 많은 표를 받은 사람이 당선돼요.

그런데 국회의원은 지역에서만 뽑는 게 아니에요. 유권자는 투표할 때, 지역구 후보뿐만 아니라 자신이 지지하는 정당에도 한 표를 던지게 돼요. 이렇게 정당에 주는 표를 바탕으로 뽑히는 국회의원을 '비례대표 국회의원'이라고 불러요. 조금 더 쉽게 말하면, 정당이 받은 표의 비율에 따라, 국회의원 자리를 '비례해서 나누는 방식'이에요. 비례대표 의석 수가 50석이라고 가정할 때 어떤 정당이 정당 투표에서 전체 표의 50%를 얻었다면, 50석 중 절반인 25석을 가져가는 거예요. 그 정당에 속한 비례대표 후보 중 25명이 국회의원이 되는 거죠.

이렇게 하면 한 지역에서만 표를 많이 받은 정당이 아니라, 전국적으로 고르게 지지를 받은 정당도 국회에 들어올 수 있게 돼요.

또 한 가지 기억할 게 있어요. 국회의원은 잘하면 계속해서 일을 할 수 있다는 점이에요. 임기를 마치고도 또 출마해서 다시 국회의원이 될 수 있다는 거지요. 연임이나 중임이 가능하다는 건데요, 예를 들어 한 국회의원이 24대 총선에서 당선되어 4년 임기 동안 일하고, 그다음 25대 총선에서도 뽑혀서 연속으로 일하게 된다면 연임하게 되는 거예요. 한편, 24대 국회의원이 25대에는 당선되지 못했지만 26대에 당선되어 일하게 된다면, 이건 중임이라고 해요.

우리나라 대통령은 5년 단임제거든요. 한 번 대통령이 되면 5년 동안만 일할 수 있고, 그 뒤로는 다시 할 수 없어요. 그런데 국회의원은 다르다는 거죠. 능력을 인정받으면 국민의 선택을 받아 오랫동안 계속해서 국회의원으로 일할 수 있어요.

만약 어떤 국회의원이 국민들의 요구나 의견을 무시한다면, 그다음 선거에 뽑지 않음으로써 새로운 인물이 국민들의 목소리를 제대로 반영하도록 할 수 있어요. 그래서 선거가 정말 중요한 거예요. 여러분도 커서 투표할 때, 어떤 후보가 국민을 위해 일을 잘할지 꼼꼼히 생각해 보세요.

국회의원은 어떤 특권과 의무가 있을까요?

국회의원의 특권은 어떤 것이 있을까요?

국회의원은 국민을 대신해 나라의 중요한 일을 하는 사람들이에요. 그래서 몇 가지 특별한 권리가 헌법으로 보장되어 있어요. 그중 대표적인 것이 바로 '불체포 특권'과 '면책 특권'이에요.

불체포 특권은 쉽게 말해 '체포되지 않을 특별한 권리'라고 할 수 있죠. 그런데 국회의원이라는 이유만으로 언제, 어떤 잘못을 저질러도 체포되지 않는다면 이상하겠죠?

우리나라 헌법은 제44조 제1항에서 "국회의원은 현행범인인 경우를 제외하고는 회기 중 국회의 동의 없이 체포 또는 구금되지 아니한다."라고 정해 두었어요. 이에 따라 국회의원이 법을 어긴 일이 있더라도 국회가 열려 있는 동안, 즉 국민을 대표해 나라의 중요한 일을 결정하는 기간에는 국회의 허락 없이 국회의원을 함부로 잡아갈 수 없다는 거예요.

그런데 헌법에 '현행범인인 경우를 제외하고는'이라는 또 하나의 단서가 있죠. 국회의원이 범죄를 저지르는 현장에서 바로 붙잡히면 체포될 수 있답니다. 그리고 만약 국회가 열리기 전에 체포된 국회의원이 있다면, 국회에서 "이 사람이 꼭 필요한 일이 있다."라고 요청할 경우 잠시 석방되어 일을 할 수 있어요.

중요한 건, 불체포 특권이 국회의원이 죄를 지어도 괜찮다는 의미는 아니라는 거예요. 이 권리는 국회의원이 국민을 위해 소신 있게 일할 수 있도록 돕기 위해 주어진 거예요. 만약 불체포 특권이 없다면, 정부가 싫어하는 법안을 통과시키려는 국회의원에게 누명을 씌워 체포하는 일이 생길 수도 있겠죠? 그래서 불체포 특권은 국회의원이 국회에서 자유롭게 활동하도록 보호하는 장치랍니다.

면책 특권은 국회의원이 국회 안에서 한 말이나 투표한 행동에 대해서는 법적인 책임을 묻지 않는다는 거예요.

헌법 제45조에서는 "국회의원은 국회에서 직무상 행한 발언과 표결에 관하여 국회 외에서 책임을 지지 아니한다."라고 규정하고 있죠.

예를 들자면 이런 거예요. 어떤 국회의원이 국회에서 열린 국정감사에서 정부의 정책에 대해 강력히 비판하며 한 사람의 명예를 훼손할 만한 말을 했어요. 개인적으로 이런 말을 했다면, 경우에 따라 명예훼손죄로 고소당하거나 처벌받을 수도 있어요. 그런데 국회의원이 국회 안에서 한 발언이기 때문에 국회 밖에서 책임을 지지 않아도 된다는 거예요. 이런 면책 특권이 없다면 국회의원들은 국회에서 하고 싶은 말을 기탄없이 하기 어려울 수도 있거든요.

면책 특권은 국회의원이 자신의 생각을 자유롭게 말하고 국민만을 위해 소신껏 일할 수 있도록 보장해 주는 역할을 해요.

이처럼 국회의원에게 주어지는 불체포 특권과 면책 특권은 국회의원이 부당한 압력을 받지 않고 국민을 위해 자유롭게 정치를 할 수 있도록 돕는 장치예요. 이런 권리가 없다면, 국회의원들은 자신과 반대되는 의견을 가진 사람들에게 고소를 당하거나, 회의 중에 체포당할까 봐 자신의 신념대로 일을 하지 못할 수도 있겠죠? 결국, 이런 특권은 국민을 위한 정치가 이루어질 수 있도록 국회의원을 보호하는 역할을 한답니다.

국회의원이 지킬 의무는 어떤 것이 있을까요?

우리는 헌법에 규정된 국민의 의무에 대해선 잘 알고 있지만, 국회의원의 의무에 대해선 잘 모르는 경우가 많아요. 그렇다면 헌법 제43조, 46조에 따른 국회의원의 의무에 대해 알아볼게요.

헌법 제43조에는 "국회의원은 법률이 정하는 직을 겸할 수 없다."라고 나와 있어요. 국회법은 공익 목적의 명예직 외에 다른 직업을 가질 수 없도록 규정하고 있고요. 이에 따라 국회의원은 국회에서 일하는 동안 다른 일로 돈을 벌어선 안 돼요.

왜 이런 의무 조항을 정해 두었냐 하면, 국회의원이 다른 일을 하면 본래의 임무인 국민을 대표하고 법을 만드는 일에 집중하지 못할 수 있기 때문이에요. 그래서 국회의원은 국회의

일에만 전념하도록 법으로 정해 둔 거죠.

제46조에서는 국회의원이 청렴하고 깨끗해야 한다고 규정하고 있어요. 즉, 국회의원은 국가의 이익을 가장 우선으로 생각하고, 양심에 따라 직무를 수행해야 한다는 거죠. 또, 국회의원은 자신이 가진 권력을 남용해서 개인적인 이득을 챙기거나, 자신이나 다른 사람의 이익을 위해 부정한 방법으로 일을 처리해서는 안 된다는 거예요.

국회의원은 국민을 대표하는 사람이기 때문에, 이와 같은 의무를 지는 것은 당연하다고 할 수 있어요. 하지만 이 규정이 단순히 말로만 끝나지 않도록 하기 위해서는, 우리가 국회의원들의 행동을 주의 깊게 살펴보고, 그들이 잘못된 행동을 할 때에는 헌법에 따라 책임을 물어야 해요. 결국, 국민이 국회의원들의 활동에 관심을 가지고, 그들의 잘못된 점을 지적하는 것이 중요하다는 뜻이에요.

국회 회의는 어떻게 이뤄질까요?

회기, 정기국회, 임시국회에 대해 들어 봤나요?

엄마, 아빠가 틀어 놓은 뉴스를 함께 보다가 '회기, 정기국회(정기회), 임시국회(임시회)' 같은 단어가 나오는 걸 들어 본 적 있나요? 자주 나오는 말이지만 정확히 무슨 뜻인지도 모르겠고 어렵게만 느껴지지요? 하지만 국회를 이해하기 위해서는 국회에서 사용되는 용어들을 이해하는 것이 중요해요. 알고 보면 그렇게 복잡한 말도 아니랍니다. 쉽게 풀어서 설명해 볼게요.

'회기'는 국회가 활동하는 기간을 말해요. 그럼 국회가 활동한다는 건 무슨 뜻일까요? 국회의 활동은 앞서 살펴보았듯이, 법을 만들고 예산안 등을 결정하는 중요한 과정이에요.

회기는 국회가 개회한 때부터 폐회할 때까지의 기간, 즉 국회가 일을 하도록 정해진 기간을 말하는 거죠. 학교에 방학이 아닌 1학기, 2학기가 있듯이, 국회도 회기가 있는 거예요. 이 과정의 마지막 단계인 '본회의'는 반드시 회기 중에만 열릴 수 있어요. '본회의'는 우리나라 국회의원 300명이 모두 참여하는 회의예요.

먼저 정기국회와 임시국회에 관한 헌법 내용을 살펴보면, 제47조 1항에는 "국회의 정기회는 법률이 정하는 바에 의하여 매년 1회 집회되며, 국회의 임시회는 대통령 또는 국회 재적의원 4분의 1 이상의 요구에 의하여 집회된다."라고 명시되어 있어요. 또 2항에서는 "정기회의 회기는 100일을, 임시회의 회기는 30일을 초과할 수 없다."라고 정해 두었답니다.

'정기국회'는 매년 열리는 국회 활동이에요. 국회법에 따라 매년 9월 1일에 시작해서 최대 100일 동안 진행된답니다. 그런데 만약 9월 1일이 공휴일이면요? 그럼 9월 2일에 시작해요. 정기국회에서는 정부의 예산안을 심의하고 확정하며, 다양한 안건과 법률도 심사해요. 우리가 학교에서 학기 초에 수업 계획을 짜고 중요한 행사를 준비하듯, 정기국회도 한 해의 중요한 일을 논의하는 기간이라고 생각하면 쉬워요.

그럼 국회는 1년에 정기국회 100일 동안만 일할까요? 아니에요. 상황에 따라 필요한 경우 '임시국회'를 열 수 있어요. 임시국회는 전체 국회의원 중 4분의 1이 동의하면 열릴 수 있고, 최대 30일 동안 진행돼요. 정기국회와는 달리 정해진 일정이 없지만, 법에 따라 2월, 3월, 4월, 5월, 6월, 8월에 열릴 수 있어요.

예를 들어, 학교에서 갑자기 중요한 일이 생겨 긴급회의를 여는 것과 비슷하다고 보면 돼요. 임시국회는 나라의 급한 문제를 논의할 때 열리는 거랍니다. 국회의원들이 1년 내내 일한다고도 하고, 안 한다고도 하는 이유가 바로 여기에 있어요. 정기국회 100일에 임시국회까지 더하면, 국회의원들은 언제든 나라의 중요한 일을 위해 바쁘게 움직이고 있어야 하거든요. 마치 방학 때도 열심히 학원에 다니며 공부하고 배우는 여러분처럼요.

국회 회의는 어떤 원칙에 따라 진행될까요?

국회의 회의에는 정기회와 임시회가 있다는 걸 배웠죠? 앞서 보았듯 정기회는 최대 100일, 임시회는 최대 30일까지 열릴 수 있어요. 그런데 이런 회의가 그냥 막 열리고 끝나는 게 아니에요. 국회를 잘 운영하기 위해 정해 둔 몇 가지 원칙이 있어요. 그중 중요한 건 '회기 계속의 원칙', '회의 공개의 원

칙'과 '일사부재의의 원칙'이에요. 하나씩 살펴볼까요?

　국회가 회의를 열다 보면, 시간이 부족해서 어떤 안건을 다 처리하지 못할 수도 있어요. 그럴 땐 다음 회기에 그 안건을 자동으로 다시 논의할 수 있다는 원칙이 있어요. 이걸 '회기 계속의 원칙'이라고 해요. 하지만 이 원칙은 국회의원들의 임기 안에서만 적용돼요. 예를 들어, 24대 국회에서 처리하지 못한 법률안이 있다고 해도, 25대 국회가 시작되면 국회의원들이 새로 바뀌기 때문에 그 법률안을 이어서 처리할 수 없어요. 새로운 국회에서는 처음부터 다시 안건을 제출해야 하는 거예요.

　여러분이 속한 반에서 회의로 어떤 규칙을 정하기로 했다고 생각해 보세요. 이번 회의에서 결정을 내리지 못했다면, 다음 회의 때 다시 이야기를 이어갈 수 있겠죠? 그런데 학년이 바뀌어서 반 친구들이 모두 달라졌을 때, 이전 반에서 하던 이야기를 그대로 이어서 회의할 수 있을까요? 이제 구성원이 바뀌었기 때문에, 다시 처음부터 논의해야겠죠. '회기 계속의 원칙'은 바로 이런 상황과 비슷하답니다.

또, 국회의 회의는 공개해야 한다는 '회의 공개의 원칙'이 있어요. 이 원칙은 왜 필요할까요? 국회는 국민을 대표하는 기관이니까, 어떤 법률안이 어떻게 통과되는지 국민이 알아야 할 권리가 있기 때문이에요. 하지만 모든 회의를 공개하진 않아요. 예를 들어, 국가 안전과 관련된 중요한 문제라든지, 특별히 보안이 필요한 회의는 비공개로 진행할 수 있답니다.

자, 이번에는 '일사부재의의 원칙'이에요. 쉽게 말하면 한 번 통과되지 않은 안건은 같은 회기 동안 다시 제출할 수 없다는 원칙이에요. 왜 이런 원칙이 필요할까요?

여러분이 국회의원이라고 상상해 보세요. 소수당에 속한 여러분이 열심히 만든 법안을 제출했는데, 다수당의 반대에 밀려 통과되지 않았어요. 너무 화가 나서 다음 날 또 제출했더니, 또 실패! 그래서 다시 제출했어요. 이렇게 계속 똑같은 안건을 제출하면 국회에서 처리해야 할 다른 법안들이 밀리게 되겠죠? 그래서 한 번 부결된 안건은 같은 회기 동안 다시 논의하지 않도록 규정을 둔 거예요. 그래야 국회가 더 효율적으로 운영될 수 있답니다.

조금 더 알아보자, 헌법!

📖 중요한 만큼 어렵게 고쳐요.
입법부, 행정부와 국민이 함께하는 개헌!

여러분, 헌법은 국가의 가장 중요한 법이에요. 그래서 헌법을 바꾸는 일은 아주 신중해야 해요. 만약 특정 정치 세력이 자기 이익을 위해 헌법을 쉽게 바꿀 수 있다면, 큰 문제가 생기겠죠?

다른 나라들도 헌법을 고치는 절차를 까다롭게 만들어 두었어요. 헌법이 나라와 사회에 미치는 영향이 아주 크기 때문이에요. 그럼 우리나라에서 헌법을 바꿀 때 어떤 절차를 거치는지 알아볼까요? 법을 만들고 고치는 역할은 입법부가 하지만, 헌법만큼은 입법부, 행정부, 국민 모두가 관여해서 고친답니다.

헌법을 고치려면 먼저 '발의'라는 과정을 거쳐야 해요. 발의란 헌법을 바꾸자고 제안하는 단계예요. 예를 들어, 헌법에 어떤 내용을 추가하거나 고치겠다는 의견을 내는 거죠. 헌법 개정은 국회 재적 의원 과반수 또는 대통령이 발의할 수 있어요. 국회의원 과반수가

동의하거나 대통령이 나서야 헌법을 고치자는 논의가 시작될 수 있답니다.

발의가 끝나면 '공고'라는 절차를 밟아요. 공고는 국민에게 헌법 개정안을 알리는 과정이에요. 헌법은 우리 모두의 생활에 영향을 미치니까, 국민이 충분히 알고 의견을 낼 수 있어야겠죠. 대통령은 헌법 개정안이 발의되면 20일 이상 공고해야 해요. 이렇게 헌법을 어떻게 고치려는 건지 국민에게 미리 알려서, 준비할 수 있도록 돕는 거예요.

공고가 끝나면 국회는 헌법 개정안에 대해 투표를 해야 해요. 이 단계를 '의결'이라고 해요. 국회는 헌법 개정안이 공고된 날로부터 60일 이내에 의결해야 해요. 의결에서 헌법 개정안이 통과되려면 국회 재적의원 3분의 2 이상이 찬성해야 해요. 찬성하는 의원이 그보다 적으면, 개정안은 자동으로 폐기돼요. 그래서 의결은 아주 중요한 단계랍니다.

국회에서 의결을 통과한 개정안은 바로 '국민투표'에 부쳐요. 헌

　법을 진짜로 고칠지 말지 국민의 의견을 물어보는 거예요. 국민투표는 국회의원 선거권자 과반수가 참여해야 하고, 그중에서 과반수가 찬성해야 개정안이 확정돼요. 국민투표는 국민이 직접 헌법 개정에 참여하는 중요한 순간이에요.

　국민투표에서 헌법 개정안이 확정되면, 대통령은 곧바로 '공포'를 해야 해요. 공포는 국민에게 이 헌법이 이제부터 효력이 있다고 공식적으로 알리는 거예요. 공포와 동시에 새 헌법이 효력을 발휘한답니다.

　이처럼 헌법을 바꾸는 과정은 발의, 공고, 의결, 국민투표, 공포의 다섯 단계를 거쳐야 해요. 이렇게 복잡하고 신중한 절차 덕분에, 헌법은 쉽게 바뀌지 않으면서도 국민의 의견을 반영할 수 있답니다.

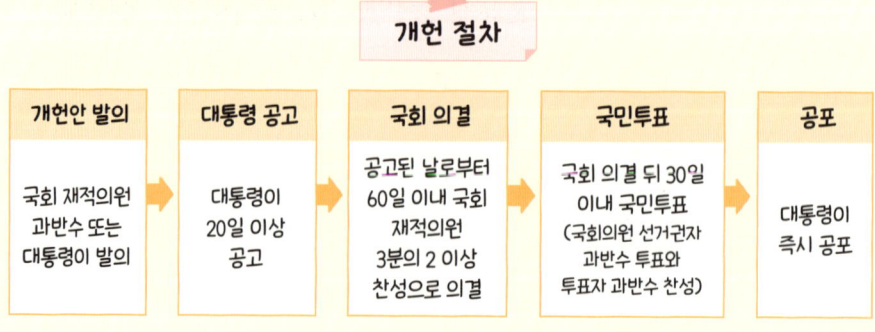

개헌 절차

개헌안 발의	대통령 공고	국회 의결	국민투표	공포
국회 재적의원 과반수 또는 대통령이 발의	대통령이 20일 이상 공고	공고된 날로부터 60일 이내 국회 재적의원 3분의 2 이상 찬성으로 의결	국회 의결 뒤 30일 이내 국민투표 (국회의원 선거권자 과반수 투표와 투표자 과반수 찬성)	대통령이 즉시 공포

선생님, 질문 있어요!

법률은 어떻게 만들고, 어떻게 바꾸나요?
국회의원의 역할 중에 가장 중요한 건 법을 만드는 일이라고 하셨지요? 법률은 어떻게 만들고 고치는지 궁금해요.

국회가 하는 일 중에서 가장 중요한 건 바로 '법'을 만드는 일이에요. 법을 만들거나 고칠 때는 꼭 따라야 할 절차가 있어요. 조금 복잡해 보일 수 있는데, 알아 두면 좋은 내용이니 요약해 볼게요.

먼저 국회의원 10명 이상이 함께, 또는 정부나 국회의 상임위원회가 법을 제안할 수 있어요. 이걸 '법률안 제출'이라고 해요. 제출된 법률안은 국회의장이 해당 주제와 관련된 상임위원회에 보내요. 상임위원회는 교육, 환경, 복지처럼 분야별로 나뉘어 있어요. 이곳에서 법률안을 꼼꼼히 살펴보고, 필요하면 내용을 고쳐요.

그다음은 '법제사법위원회'에서 법의 문장과 구조가 제대로 되어 있는지 확인해요. 이 과정을 거친 법률안은 '본회의'로 올라가요. 여기서 국회의원들이 모여 토론하고 투표를 해요. 재적의원 과반수가 출석하고, 출석한 의원의 과반수가 찬성해야 법률안이 국회를 통과할 수 있어요.

국회를 통과한 법률안은 대통령에게 보내져요. 대통령이 15일 안에 '공포'하면 정식으로 법이 돼요. 하지만 대통령이 반대하면 '거부권'을 써서 국회로 다시 돌려보낼 수 있어요. 그러면 국회에서 다시 투표를 하는데, 이때는 재적의원 과반수 출석에, 출석 의원 3분의 2 이상이 찬성해야 해요. 이렇게 다시 통과된 법은 대통령이 더 이상 거부할 수 없어요.

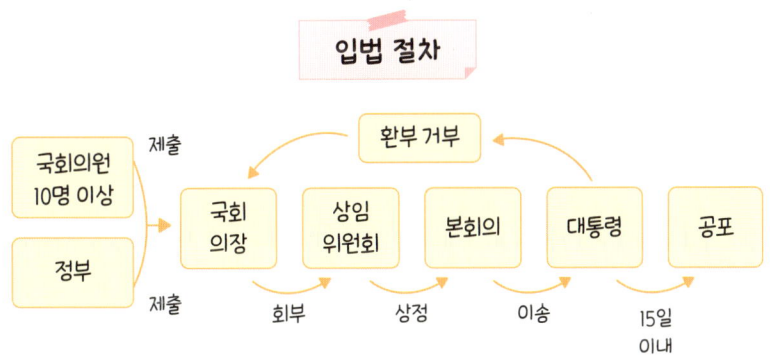

필리버스터가 뭐예요?

뉴스에서 '필리버스터'라는 용어를 들었어요. 특히 국회의원들이 중요한 일을 가지고 다툴 때 그 말이 자주 나오는 것 같았어요. 필리버스터가 뭐길래 그러는 걸까요?

필리버스터, 생소한 말이지요? 그런데 이런 용어도 알아 두면 국회의 활동에 관해 좀 더 재밌게 이해할 수 있어요.

우리나라에서 법을 만들 때는 국회의원이 법안을 먼저 '발의'하고, 이를 가지고 '토론'을 한 뒤, 마지막으로 '표결'을 통해 결정해요. 이 과정에서 다수결 원칙으로 투표가 진행되는데, 의원 수가 많은 정당인 다수당이 자신들의 표를 끌어모아 법안을 통과시킬 가능성도 있어요. 그러다 보면 소수 의견이 무시될 수도 있겠죠.

그럴 때 소수파 의원들이 법적으로 표결을 막을 수 있는 방법이 바로 '필리버스터'예요. 필리버스터는 무제한 토론을 뜻하는데, 단상에 올라 토론을 계속하면 표결이 진행되지 않아요. 즉, 표결을 미루게 해서 법안이 통과되지 못하도록 막는 방법인 셈이죠. 하지만 그러는 동안 토론자는 그 자리를 떠나지 못해요. 식사를 할 수도, 화장실을 갈 수도 없고, 단상에서 내려오면 바로 다른 토론자가 이어받아야 해요.

다른 나라의 예를 들어 볼까요? 미국에서는 필리버스터를 할 때 꼭 의제와 관련된 얘기만 해야 하는 건 아니에요. 그래서 어떤 의원은 성경이나 소설책을 읽기도 해요. 2013년에는 공화당의 테드 크루즈 상원의원이 민주당의 건강보험 개혁 법안을 막으려고 21시간 19분 동안 쉬지 않고 필리버스터를 한 적도 있었어요.

우리나라에서는 2012년에 국회법이 바뀌면서 필리버스터가 가능해졌어요. 1973년에 폐지되었던 필리버스터가 부활한 것이지요. 국회 재적의원 중 3분의 1 이상이 요청하면 필리버스터를 시작할 수 있고, 최소 24시간 동안은 토론이 보장돼요. 이 무제한 토론은 국회 재적의원의 5분의 3 이상이 찬성해야만 끝낼 수 있어요.

필리버스터 시간이 끝나면 법률안은 바로 표결에 부치게 돼요. 역사적으로 보면, 긴 시간 필리버스터를 했지만 결국 법률안이 통과된 경우도 있고, 반대로 막아 낸 경우도 있어요.

헌법 퀴즈

배운 내용을 잘 이해했는지 확인해 볼까요?

1. 다음 빈 칸을 채워 보세요.

- 삼권분립은 국가의 권력을 ☐☐☐ , ☐☐☐ , ☐☐☐ 로 나누는 제도를 말한다.
- 국회의원은 국민투표에 의해 선출되며 임기는 ☐ 년이다. 25세 이상 국민이면 국회의원 선거에 후보로 나갈 수 있다.
- ☐☐☐☐☐ 는 무제한 토론을 뜻하는데, 단상에 올라 토론을 계속하면 표결이 진행되지 않는다.

2. 국회에 관해 바르지 않은 설명을 하는 친구를 골라 보세요.

① 시경 : 국회가 하는 일 중 가장 중요한 일은 법을 만드는 거야.
② 영웅 : 법은 우리를 대표하는 국회에서 만든 약속이니까 잘 지켜야 해.
③ 찬원 : 법원은 1년에 한 번씩 다른 국가기관에 대해 국정감사를 해.

3. 국민투표로 확정된 헌법 개정안을 공포하는 사람은 누구일까요?

① 대통령   ② 국회의장   ③ 법무부 장관   ④ 행정자치부 장관

1. 입법부, 행정부, 사법부 / 4 / 필리버스터 **2.** ③ **3.** ①

> **친구들과 함께해 보는 헌법 토론**

🏛 친구들이 '권력분립'에 대한 자기 생각을 발표하고 있어요. 이 중에서 권력분립의 목적을 가장 잘 이해한 친구는 누구일까요?

철수: 아무리 헌법이 권력을 나누어 놓았다고 해도, 아주 똑똑하고 착한 왕이 있다면 그 사람에게 권력을 다 주는 것도 괜찮지 않을까?

권력을 한 사람만 갖게 되면, 그 힘이 국민을 위해서가 아니라 자기 이익을 위해 쓰일 수 있어. 그래서 서로 견제하게 나누는 거야.

시우

은영: 나는 권력을 나누면 결정이 느리고 복잡해진다고 생각해. 이쪽저쪽 눈치 보느라 중요한 걸 빨리 못 정할 수도 있잖아.

입법부, 행정부, 사법부로 권한을 나누는 건 좋아 보여. 그런데 입법부에 가장 많은 힘을 주는 게 낫지 않을까? 국회는 법도 만들고 국민을 대표해서 일하는 아주 중요한 기관이잖아.

정재

💬 선생님이 보기에는 권력분립에 관해 가장 잘 이해한 친구는 시우예요. 시우는 권력을 나누는 이유가 '서로 견제하고 균형을 맞추기 위해서'라는 것을 정확히 짚어 주었어요. 앞에서 배운 것처럼, 권력은 언제든지 남용될 수 있기 때문에 나누어 놓고 서로 감시하게 하는 거예요. '착한 왕'이 있더라도, 사람은 언제든 변할 수 있거든요. 여러분도 권력분립의 필요성을 꼭 기억해 두세요!

제 4 장

행정부의 역할

행정부의 수반, 대통령이 하는 일

행정부는 어떤 곳일까요?

우리 집에서는 누가 집안일을 돌보나요? 보통 부모님이 하시죠. 그렇다면 우리나라의 일은 누가 맡아서 할까요? 그렇죠. 행정부예요. 행정부는 국가를 운영하고, 국민이 편안하게 살 수 있도록 돕는 일을 맡은 곳이에요. 학교를 운영하거나 도로를 만들고, 병원이나 경찰 같은 공공기관을 관리하는 일을 행정부에서 해요. 그렇다면 행정부는 누가 이끌고, 어떻게 구성되어 있을까요?

우리나라 같은 대통령제 국가의 행정부에서 가장 중요한 사람은 바로 '대통령'이에요. 대통령은 국민이 투표로 뽑는 나라의 대표로, 행정부의 모든 일을 책임지고 지휘해요. 대통령은 나라를 위해 큰 결정을 내리고, 각 부처를 이끄는 장관들을 임명해요. 장관들은 대통령과 함께 중요한 정책을 만들고 실행하는 일을 맡아요. 이처럼 대통령은 행정부의 최고 책임자로서 국민의 삶을 위해 열심히 일하는 사람입니다.

행정부는 여러 '부처'로 나뉘어 있어요. 부처는 각각 맡은 일이 조금씩 다르고, 서로 협력해서 나라를 운영해요. 예를 들어, 교육부는 학교와 교육 문제를 담당하고, 환경부는 환경 보호를 위해 힘써요. 또, 국방부는 나라를 지키는 일을, 보건복지부는 국민의 건강과 복지를 챙기는 일을 해요. 이처럼 각 부처는 특정한 분야에서 중요한 역할을 하고 있답니다.

'와, 뭐가 이렇게 복잡해?'라며 머리를 감싸 쥐는 친구들도 보이네요. 하지만 조금 다르게 생각해 보면 쉬워요. 학급에서도 역할을 나눠서 함께 교실을 운영하는 경우가 있잖아요. 예를 들어, 청소를 챙기는 친구, 급식이나 행사 준비를 도와주는 친구처럼요. 행정부도 그런 역할을 하는 각 기관이 모여 나라 전체를 운영하는 것이라고 보면 된답니다.

행정부를 이해하는 가장 쉬운 방법 중 하나는 바로 '정부 조직도'를 보는 거예요. 이 표를 보면 대통령을 중심으로 국무총

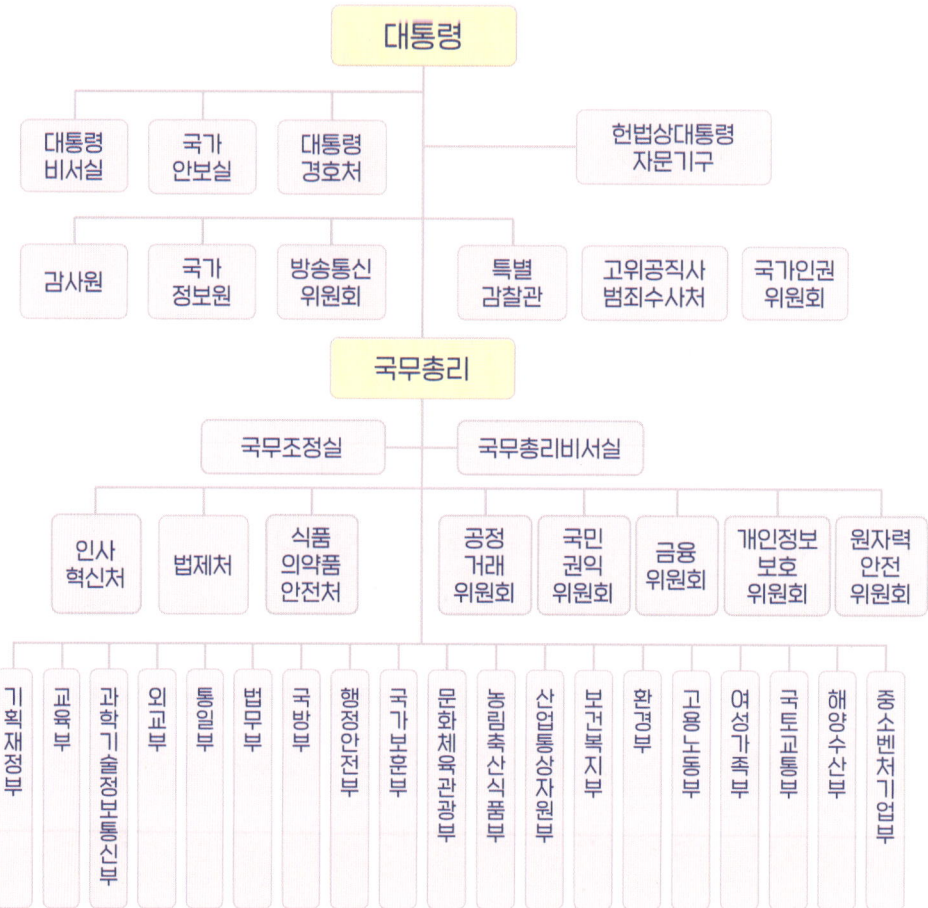

리와 여러 부처가 촘촘하게 연결되어 있죠? 각 부처 아래에는 다양한 기관과 공무원들이 나라를 위해 열심히 일하고 있어요. 이렇게 하는 일 하나하나가 다 중요해요.

대통령은 어떤 일을 할까요?

우리나라 대통령이 누구인지 모르는 사람은 없을 거예요. 거의 날마다 대통령과 관련된 뉴스를 보고 듣다 보니 대통령이 가깝게 느껴지기도 하죠. 그래서인지 대통령이 되고 싶다는 꿈을 가진 친구들도 많아요.

그런데 우리는 정말 대통령이 어떤 사람인지, 무슨 일을 하는지 알고 있을까요? 우리나라에서 제일 높은 사람이고, 정치를 하는 사람이라는 정도의 대답은 쉽게 할 수 있겠지만, 이 질문에 대해 자세히 설명할 수 있는 사람은 많지 않을 거예요. 여기서는 헌법에 나온 대통령의 역할과 그가 하는 일을 함께 알아보면서, 우리가 살아가는 세상에서 대통령이 얼마나 중요한 자리에 있는 건지 생각해 보기로 해요.

제66조
① 대통령은 국가의 원수이며, 외국에 대하여 국가를 대표한다.

② 대통령은 국가의 독립·영토의 보전·국가의 계속성과 헌법을 수호할 책무를 진다.

③ 대통령은 조국의 평화적 통일을 위한 성실한 의무를 진다.

④ 행정권은 대통령을 수반으로 하는 정부에 속한다.

우리나라 대통령은 헌법에서 정해 준 두 가지 지위를 가져요. '국가 원수'로서의 지위와 '행정부 수반'으로서의 지위가 그것이에요. 제1항에는 '원수'라는 표현이 등장하는데 이건 한 국가의 최고 통치자라는 뜻이에요. 쉽게 말하면 국가 원수로서의 대통령은 국제법상 '외국에 대해 그 나라를 대표하는 사람'이자 '헌법 기관'이에요. 또 하나는 제4항에 나오는 행정부 수반으로서의 지위예요. 대통령은 행정을 책임지는 집단의 우두머리라는 의미죠. 여기서 '행정'은 국민을 위한 정책의 집행과 실현을 뜻해요. 나라를 한 가정으로 비유하자면, 행정이란 집안의 살림살이와 관련된 모든 일을 말하는 거겠지요.

이러한 두 가지 지위를 가진 대통령은 특별한 권한을 가져요. 먼저 대통령은 정부를 구성하고 이끄는 일을 해요. 법을 바탕으로 여러 가지 나라의 일을 계획하고 실행할 수 있지요. 또 우리나라 군대를 지휘하고, 전쟁이 필요하면 다른 나라에 전쟁을 알리는 '선전 포고'를 할 수도 있어요.

대통령은 새로운 법이 필요할 때 국회에 법을 제안하거나 국회가 만든 법을 거부할 수 있어요. 또 국회의 동의를 얻어 국무총리, 대법원장, 대법관 같은 중요한 사람을 뽑아 일하도록 해요. 그리고 대통령은 외교, 국방, 통일 등 중요한 국가 문제에 대한 국민의 의견을 국민투표로 물을 수 있어요.

이뿐만 아니라 대통령은 우리나라를 대표해서 국제회의에 참석하고, 다른 나라와 약속을 하는 조약도 맺어요. 그리고 대통령은 나라를 망하게 하는 큰 잘못을 저지르지 않는 한, 임기 동안 법적으로 처벌받지 않는 특권도 가지고 있어요.

하지만 대통령에게는 이렇게 특별한 권한만 있는 게 아니에요. 지켜야 할 책임과 의무도 커요. 대통령은 우리나라의 독립과 땅을 지킬 책임이 있고, 국민의 권리를 보장하는 헌법을 지켜야 해요. 국가가 어려워질 때 국민을 보호하는 것도 대통령의 중요한 역할이에요. 특히 우리나라 대통령은 평화 통일을 위해 노력해야 하는 중요한 의무가 있어요.

　대통령에게는 많은 권한이 있지만 모든 일을 대통령 혼자 결정하는 건 아니에요. 국회의 동의를 얻어야 하는 일도 있고, 대부분은 국무회의를 거쳐서 결정해요. 대통령이라고 완벽할 수는 없기 때문에 여러 사람의 의견을 모으는 거랍니다. 그래서 대통령은 여러 사람들의 의견을 듣고, 수용할 수 있는 자세가 필요해요.

국무총리와 국무회의의 역할

대통령을 돕는 파트너, 국무총리

행정부에서 가장 중요한 사람은 바로 대통령이에요. 그런데 대통령 다음으로 중요한 역할을 맡은 사람은 누구일까요? 바로 국무총리예요. 앞에서 같이 살펴본 정부조직도를 보면, 대통령 바로 밑에 국무총리가 있지요.

국무총리는 대통령처럼 선거로 뽑는 게 아니에요. 대통령이 직접 후보를 선택하고, 국회의 동의를 받아 임명해요. 대통령이 국무총리로 지명한 후보자는 먼저 국회의 인사청문회를 거쳐야 해요. 국회의원들은 후보자가 대통령이 나라를 잘 운영할 수 있게 도울 수 있는 사람인지 꼼꼼히 검토하죠. 그리고 국회 재적의원의 과반수가 참석한 회의에서 과반수가 찬성해야만 국무총리로 임명될 수 있답니다.

그런데 혹시 여러분은 기억에 남는 국무총리 이름이 있나요? 생각이 잘 안 날 수도 있어요. 그 이유는 국무총리가 자주 바뀌기 때문인데요, 사실 이는 국무총리의 임기와 관련이 있답니다. 대통령은 5년마다 한 번씩 선거를 통해 뽑지만, 국무총리는 임기가 따로 정해져 있지 않아요. 대통령은 국무총리가 잘못하면 해임하고 새로운 사람을 임명할 수도 있지요.

국무총리는 행정부에서 열리는 중요한 회의인 국무회의에서 부의장을 맡아요. 국무회의는 나라의 큰 결정을 내릴 때 열리는 회의인데요, 국무총리는 여기에서 대통령이 올바른 결정을 내릴 수 있도록 여러 의견을 조율하는 역할을 해요. 그럼 의장은 누구일까요? 네, 바로 대통령이지요. 마치 우리 반에서 회의가 열릴 때, 회장과 부회장이 하는 역할과 비슷하죠?

그 밖에도 국무총리는 교육부 장관이나 보건복지부 장관같이 대통령이 직접 임명하는 장관 후보를 추천하는 역할도 해요. 또 대통령의 뜻을 벗어나지 않는 범위에서 총리령이라는 명령을 내릴 권한도 있지요.

이렇게 국무총리는 대통령을 도와 나라의 중요한 일을 책임지고, 필요할 때는 직접 결정을 내릴 수 있는 중요한 역할을 하는 사람이랍니다. 국무총리는 대통령을 가장 가까이에서 돕는 든든한 파트너라고 할 수 있어요. 대통령과 국무총리가 함께 힘을 합쳐 우리나라를 이끌어가는 모습을 생각해 보면, 국무총리가 얼마나 중요한 사람인지 알 수 있겠죠?

나랏일을 정하는 회의, 국무회의

나라를 운영하려면 정말 많은 결정을 내려야 해요. 나라의 예산을 어떻게 쓸지, 어떤 새로운 법안을 내놓을지, 또 국민들이 더 편리하게 살도록 정책을 어떻게 정할지 말이죠. 이런 중요한 결정들을 대통령과 국무총리 둘이서만 내리기엔 너무 어렵고 책임도 크겠죠? 그래서 '국무회의'라는 모임이 있어요. 국무회의는 나라의 가장 중요한 일들을 논의하고 결정하는 회의예요.

그렇다면 국무회의가 왜 중요할까요? 대통령이 혼자서 나라의 모든 일을 결정한다면 어떨지 상상해 보세요. 실수할 가능성이 높겠죠? 그래서 국무회의가 꼭 필요해요. 대통령이 혼자 고민하지 않고, 모두의 힘을 모아 더 좋은 결정을 내리도록 돕는 역할을 하는 거죠. 여러 명이 머리를 맞대면 더 좋은 정책이 나올 가능성이 크겠죠? 또, 국무회의를 통해 중요한 일이 투명하게 논의되면, 국민들도 그 내용을 알 수 있어요.

쉽게 말해, 국무회의는 대통령의 든든한 조언자 같은 존재예요. 혼자보다 함께할 때 더 좋은 결과가 나오는 것처럼, 국무회의는 나라의 중요한 안건들을 효율적으로 정해 나갈 수 있도록 하려고 존재하는 거예요.

감사원이 하는 일

국민의 눈과 귀가 되어 주는 감사원

우리 사회에서 '감사'라는 말은 흔히 사용되지만, 그 의미를 정확히 아는 사람은 많지 않을 수 있어요. 여기서 말하는 '감사'는 "잘했다." 혹은 "수고했다."라는 칭찬이 아니라, 어떤 일이 제대로 이루어졌는지, 규칙대로 했는지 확인하고 점검하는 과정이에요. 예를 들어, 학교에서 선생님이 학생들의 시험을 보고 점수를 매길 때, 그 점수가 제대로 계산되었는지 확인하는 것과 비슷해요.

'감사'라는 작업은 모든 일이 공정하고 정확하게 진행되도록 도와주는 중요한 역할을 해요. 일상생활에서도, 우리가 규칙이나 법을 잘 지키는지 점검하고 잘못된 부분을 고치는 것처럼, 감사는 사회에서 발생하는 문제를 미리 발견하고 바로 잡는 일이에요.

 그렇다면 나라의 일을 하는 공공기관이나 정부에도 감사가 필요할까요? 당연히 필요하죠. 정부나 공공기관이 일을 잘하고 있는지, 돈을 잘 쓰고 있는지 확인하지 않으면, 나랏돈이 낭비되거나 불법적인 일이 일어날 수 있기 때문이에요.

 감사원은 우리나라 공공기관이 제대로 일을 하고 있는지 확인하는 기관이에요. 가정에서 부모님이 벌어 온 수입으로 집안일을 잘 꾸려 가는 것처럼, 정부도 국민들이 낸 세금을 사용해서 도로를 만들고, 학교를 짓고, 사람들이 잘살 수 있도록 다양한 일을 해요. 이런 일들이 잘 진행되는지 살펴보는 곳이 바로 감사원인 것이지요. 그래서 감사원의 상징은 '눈'과 '귀'가 합쳐진 모양으로 되어 있어요. 이건, 감사원이 마치 눈과 귀처럼 세밀하게 살펴보고 듣고 있다는 의미랍니다.

감사원은 어떤 일을 할까요?

감사원이 살펴보고 검사하는 것은 크게 두 가지예요. 먼저 국민이 땀 흘려 일해서 낸 세금이 어떻게 쓰였는지, 또 제대로 쓰이고 있는지 살펴보고 검사해요. 또한 국민이 낸 세금을 갖고 일을 하는 공무원들이 제대로 일을 하는지, 공무원들이 처리한 일이 잘 이루어졌는지 점검하는 역할을 해요.

그럼, 감사원이 하는 이 두 가지 일을 좀 더 자세히 알아볼까요?

첫째, 나랏돈이 어떻게 사용되는지를 살핍니다. 국가에는 '예산'이라는 것이 있어요. 예산은 앞에서도 그 뜻을 이야기했죠? 국가에서 다음 해에 쓸 돈과 그 돈을 쓰기 위해 거두어야 할 세금이 얼마인지를 미리 계산해서 나라의 살림 계획을 짜는 거예요. 예산을 바탕으로 정부는 세금을 거두고, 그 세금을 사용해서 여러 가지 일을 하죠.

정부가 예산을 어떻게 쓸지 검토하고 승인하는 건 국회에서 하는 일이라고 했죠? 감사원에서는 지난해에 사용한 돈이 계확대로 잘 쓰였는지 확인하고 검사하는 일을 해요. 여러분도 용돈 기입장에 '받은 돈'과 '쓴 돈'을 따로 정리해 두곤 하죠? 감사원은 부모님이 내가 쓴 용돈 기입장을 살펴보는 것처럼 세금이 어떻게 걷히고 쓰였는지 꼼꼼히 살피는 일을 한답니다.

또한, 감사원은 기획재정부, 교육부, 보건복지부와 같은 나

라의 중요한 기관들에서 돈이나 물품을 주고받을 때 부정한 일이 저질러지지 않았는지 검토해요.

둘째, 나랏돈을 써서 일을 하는 공무원을 감찰합니다. 즉, 국민이 낸 세금으로 운영되는 국가기관이 제대로 일하고 있는지 면밀히 살피는 거예요. 세금을 잘못 쓴 부분이 있으면 바로잡고, 고칠 부분은 고치게 만드는 것이죠. 그래서 공무원에게는 감사원이 제일 무서운 존재랍니다.

감사원은 대통령 바로 밑에 있는 중요한 기관이에요. 하지만 감사원은 대통령의 지시를 받지 않는 독립적인 기관이기도 해요. 그 이유는 감사원이 누구의 눈치도 살피지 않고 공무원 전체를 감시해야 하는 곳이기 때문이에요. 마치 현대판 '암행어사'처럼 말이죠..

조금 더 알아보자, 헌법!

📖 대통령에게 사고가 나면 어떻게 할까요?

대통령은 나라의 최고 책임자로서 아주 중요한 일을 해요. 그런데 만약 갑작스러운 사건이나 사고로 대통령이 더 이상 일을 할 수 없게 된다면 나라는 어떻게 될까요? 상상만 해도 큰 혼란이 일어날 것 같지 않나요?

헌법 제71조는 대통령이 직무를 수행할 수 없는 상황이 생기면 어떻게 해야 할지를 정하고 있어요. "대통령이 궐위되거나 사고로 인하여 직무를 수행할 수 없을 때에는 국무총리, 법률이 정한 국무위원의 순서로 그 권한을 대행한다."라고 말이에요.

여기서 '궐위'라는 어려운 말이 나오는데, 이건 대통령이 사망하거나, 법을 어겨 탄핵되거나, 스스로 물러나는 경우처럼 대통령 자격을 잃게 되는 상황을 뜻해요. 즉, 대통령이 자리에서 물러나거나 일을 못 하게 되는 경우, 국무총리가 그 역할을 대신하게 되는 거예요.

그런데 국무총리는 국민이 직접 뽑는 대통령과는 다르게 대통령이 임명한 사람이에요. 그래서 국무총리가 대통령의 역할을 대신할 수 있는 기간은 딱 60일로 정해져 있어요. 이 60일 안에 새로운 대통령을 뽑기 위한 선거를 치러야 해요. 그리고 새로 뽑힌 대통령은 이전 대통령의 남은 임기만 채우는 게 아니라, 새롭게 5년 동안 대통령으로 일하게 된답니다.

　만약 국무총리도 무슨 일이 생겨서 대통령 역할을 대신하지 못하게 된다면 어떻게 할까요? 이때는 정해진 순서대로 장관들이 대통령의 권한을 이어받게 돼요. 정부조직법에 따라 기획재정부 장관, 교육부 장관, 과학기술정보통신부 장관 등이 차례로 대통령의 일을 대신하게 된답니다.

　이러한 헌법과 법률 덕분에 대통령이 갑작스럽게 일을 못하게 되는 경우가 생기더라도 나라가 혼란에 빠지지 않고 안정적으로 운영될 수 있는 거예요. 우리나라를 이끄는 중요한 자리인 만큼, 이런 대비책이 잘 마련되어 있다는 건 정말 다행스러운 일이죠.

선생님, 질문 있어요!

대통령을 그만두게 할 수 있을까요?
대통령은 우리나라에서 가장 중요한 일을 하는 사람이잖아요. 그런데 대통령이 법을 어기거나 헌법상 주어진 책임을 다하지 않으면 어떻게 하나요?

대통령은 나라의 최고 책임자로서 중요한 결정을 내리고, 국민의 대표로 일하는 자리예요. 그런데 만약 대통령이 법을 어기거나 큰 잘못을 저지른다면 어떻게 해야 할까요? 계속 대통령 자리를 지키게 해야 할까요, 아니면 그만두게 해야 할까요?

이런 경우를 대비해 우리나라 헌법에는 대통령을 그만두게 할 수 있는 특별한 제도가 마련되어 있어요. 그 제도가 바로 '탄핵'이에요. 그렇다면 탄핵이 무엇인지, 어떤 절차를 거치는지 살펴보고, 과거에 있었던 탄핵 사례에 대해서도 알아볼게요.

탄핵은 대통령과 같은 중요한 자리에 있는 사람이 헌법이나 법률을 어겼을 때 직책을 그만두게 만드는 제도예요. 대통령은 국민이 직접 뽑은 사람이라서 아무나 "그만두세요!"라고 말할 수 없어요. 그래서 헌법에 따라 특별한 과정을 거쳐 탄핵이 이루어진답니다. 우리나라에서 대통령을 탄핵하기 위해서는 두 가지 큰 절차가 필요해요. 이때 국회와 헌법재판소의 역할이 중요하지요.

탄핵은 먼저 국회에서 시작돼요. 국회의원들이 대통령이 헌법이나 법률을 어겼다고 판단하면, 탄핵소추안을 발의할 수 있어요. 쉽게 말해, 대통령을 법적으로 심판해 달라고 헌법재판소에 요청하는 거예요. 이 요청을 하려면 국회의원 3분의 2 이상이 찬성해야 해요. 이 과정이 통과되면, 이제 공은 헌법재판소로 넘어가요.

국회가 탄핵소추를 하면, 헌법재판소가 심판을 하게 되는 거죠. 헌법재판소는 대통령이 정말로 헌법이나 법률을 어겼는지 꼼꼼히 조사해요. 헌법재판소에는 9명의 재판관이 있는데, 이 중 6명 이상이 찬성해야 대통령을 파면할 수 있어요.

우리나라에서도 실제로 대통령이 탄핵된 사례가 있어요. 박근혜 전 대통령은 2016년에 큰 논란에 휩싸였어요. 많은 국민이 박 대통령이 헌법과 법률을 어겼다고 생각했고, 국회에서 탄핵소추안이 발의되어 통과되었어요. 그 후 헌법재판소가 심판을 했고, 당시 탄핵 심판에 참여한 재판관 8명 전원이 찬성해 2017년에 박근혜

대통령이 자리에서 물러나게 되었답니다. 이 사건은 우리나라 헌정사에서 처음으로 대통령이 탄핵된 사례예요.

그리고 또 한 번 대통령이 탄핵되는 일이 있었어요. 바로 윤석열 전 대통령이에요. 윤석열 전 대통령은 2024년 12월 3일 밤, 비상계엄을 선포했는데, 이를 두고 헌법과 법률을 어긴 것이라는 비판이 커졌어요. 국회는 곧바로 계엄 해제를 요구했고, 이에 따라 계엄은 해제되었답니다. 그 뒤 국회는 탄핵소추안을 가결했고, 헌법재판소는 2025년 4월 4일, 재판관 8명 전원 찬성으로 대통령을 파면한다고 결정했어요. 헌법재판소는 대통령이 군과 경찰을 동원해 국회의 권한 행사를 방해하고, 국민의 기본권을 침해했다고 판단했지요. 이로써 윤석열 전 대통령은 두 번째로 탄핵된 대통령이 되었어요.

탄핵은 대통령도 법 위에 있을 수 없다는 것을 보여 주는 중요한 제도예요. 대통령이 아무리 높은 자리라 하더라도 법을 어기거나 국민의 신뢰를 잃으면 그만둘 수밖에 없어요. 이는 우리나라가 법으로 다스려지는 법치주의 국가라는 것을 의미하죠. 하지만 탄핵은 나라에 큰 영향을 미치는 일이기도 해요. 그래서 국회의원들과 헌법재판소가 많은 고민과 심사를 거쳐서 판단한답니다.

계엄이란 게 뭐예요?

2024년 12월 3일, 우리나라에 비상계엄이 선포되었다가 해제되는 사건이 있었잖아요. 어른들은 한동안 그 일을 가지고 다투기도 하고 여러 이야기를 나누는 것 같기도 했어요. 계엄은 도대체 무엇이고, 왜 선포하는 건가요?

'계엄(戒嚴)'이라는 말은 '엄중하게 경계한다'라는 뜻을 가지고 있어요. 그런데 정치에서 이 단어는 단순히 조심한다는 뜻만이 아니라, 총을 든 군인이 나라를 통제하는 특별한 상황을 말해요.

우리나라는 국민의 의견으로 나라를 다스리는 민주공화국이죠. 그래서 권력이 한 사람에게 집중되지 않도록 행정부, 입법부, 사법부로 나누어 서로 견제하고 있어요. 하지만 나라에 큰 위험이 닥쳤을 때는 특별한 조치가 필요할 수도 있죠. 이런 경우 대통령이 나라를 지키기 위해 내리는 특별한 명령이 바로 '계엄'이에요.

그러면 계엄이 선포되면 무슨 일이 벌어질까요? 계엄이 선포되어 효력이 생기면, 모든 권력이 대통령에게 집중돼요. 그다음엔 대통령의 명령을 받은 계엄사령부가 나라를 통제하게 되죠. 계엄사령부가 입법, 사법, 행정을 모두 맡게 되는 거예요. 대통령이 어떤 포고령을 내리느냐에 따라 차이는 있지만, 대체로 모든 국민의 정치 활동이 금지되고, 언론과 출판의 자유도 제한돼요. 사람들이 모이는 집회나 시위도 할 수 없게 되고, 군인들이 법원 허락 없이 민간인을 체포할 수도 있어요.

그렇다면, 계엄이 필요한 상황은 언제일까요? 헌법 제77조에 따르면, 전시·사변 또는 이에 준하는 국가 비상 사태가 발생했을 때만 계엄을 선포할 수 있어요. 즉, 전쟁이 일어나서 나라가 위험할 때, 나라 안에서 큰 싸움이나 내전이 발생했을 때, 지진, 홍수 같은 재난으로 혼란이 생기고 약탈이나 난동이 벌어질 때, 이렇게 정말 나라가 무너질 것 같은 위기에서만 계엄을 선포할 수 있어요. 또 법률에 따른 절차를 꼭 지켜서 선포해야 하고요.

계엄을 선포하면 대통령과 군에 권력이 집중되기 때문에, 자칫하면 독재로 이어질 수 있는 위험도 있죠. 그래서 계엄은 나라 전체가 위태로운 상황이 아닌 이상, 함부로 사용해서는 안 되는 아주 특별한 조치랍니다.

헌법 퀴즈

배운 내용을 잘 이해했는지 확인해 볼까요?

1. 다음 빈 칸을 채워 보세요.

- 우리나라의 행정부 수반은 ☐☐☐ 이다.
- ☐☐ 은 대통령과 같은 중요한 자리에 있는 사람이 헌법이나 법률을 어겼을 때 직책을 그만두게 만드는 제도다.
- ☐☐☐ 은 헌법이 부여한 임무인 회계검사와 직무감찰을 수행하는 국가 최고 감사기구다.
- ☐☐ 은 나라에 큰 위험이 닥쳤을 때 대통령이 선포하는 조치로서, 총을 든 군인이 나라를 통제하는 특별한 상황을 말한다.

2. 대통령이 자리를 비우거나 대통령직을 맡을 수 없게 될 때, 누가 제일 먼저 대통령의 일을 대신할까요?

① 국무총리 ② 교육부 장관 ③ 환경부 장관 ④ 기획재정부 장관

1. 대통령 / 탄핵 / 감사원 / 계엄 **2.** ①

> 친구들과 함께해 보는 **헌법 토론**

🏛 친구들이 '대통령의 역할과 권한'에 대해 자기 생각을 말하고 있어요. 누가 헌법에 따른 대통령의 역할을 가장 올바르게 설명했는지 골라 보세요.

철수: 대통령은 나라에서 제일 높은 사람이니까, 하고 싶은 건 다 할 수 있는 거 아니야? 법도 바꿀 수 있고, 명령도 마음대로 내릴 수 있다고 생각해.

대통령이 중요한 결정을 내리는 건 맞지만, 혼자서 모든 걸 다 정할 수는 없어. 헌법에 따라 권한이 정해져 있고, 국회와 협력하면서 일해야 해.

하윤

민호: 대통령이 국민을 대표한다고 하는데, 그냥 정치인 중 한 명 아닐까? 꼭 대표라고 할 수 있는지 잘 모르겠어.

나는 대통령이 나라를 책임지니까 국회나 법원의 견제를 받지 않고도 빠르게 결정할 수 있어야 한다고 생각해. 그래야 중요한 일도 바로 처리할 수 있잖아.

수빈

💬 선생님이 보기에는 대통령의 역할을 가장 잘 이해한 친구는 하윤이에요. 대통령은 중요한 권한을 갖고 있지만, 헌법과 법률 안에서, 국회와 함께 협력하며 일해야 해요. 권한이 크다고 해서 모든 일을 마음대로 할 수는 없다는 것, 꼭 기억해 두세요!

제 5 장

법원과 헌법재판소의 역할

법원이 하는 일

법원은 어떤 곳일까요?

자! 잠시 복습해 볼까요? 법은 국회에서 만들죠. 그렇다면 법이 본격적으로 활용되는 곳은 어디일까요? 그렇죠! 법을 실제로 집행하는 행정부입니다. 그런데 법이 행정부에서만 활용될까요? 법을 기준으로 사람들의 잘잘못을 판단해 주는 곳에서도 활용됩니다. 그곳이 바로 법원입니다. 사람들이 법의 내용을 서로 다르게 이해하고 해석해 법적인 분쟁이 생기면, 법원은 이러한 다툼을 해결해 주는 일을 해요.

법원이 하는 가장 중요한 일은 바로 재판이에요. 재판에서는 법을 바탕으로 무엇이 옳고 그른지를 판단하죠. 그런데 여기서 중요한 단어가 나와요. '사법권'이라는 말인데요, 이건 법을 가지고 재판을 통해 옳고 그름을 결정하는 힘을 뜻해요.

법을 만드는 힘을 입법권이라고 부르고, 정책을 실행하는 힘을 행정권이라고 한다면, 사법권은 그 둘과 함께 우리나라를 지탱하는 세 가지 큰 기둥 중 하나랍니다.

우리 헌법 제101조 제1항에는 이렇게 나와 있어요. "사법권은 법관으로 구성된 법원에 속한다." 이게 무슨 뜻이냐면, 사법권은 오직 법원만이 행사할 수 있다는 거예요. 그런데 사법권

은 왜 중요할까요? 법은 국가의 질서와 국민의 권리를 지키는 가장 기본적인 약속이지요. 사법권은 이러한 법을 통해 정의를 실현하는 역할을 해요. 그래서 사법권을 행사하는 법원은 누구의 편에도 치우치지 않고, 공정하게 판단해야 해요.

행정부가 정책을 실행하는 적극적인 역할을 한다면, 법원은 조금 다르게 행동해요. 법원은 누군가가 "법을 어겼어요!" 하고 고소하거나, 검사가 "이 사람을 재판해 주세요!" 하고 기소를 해야 재판을 통해 행동에 나서거든요. 그래서 법원은 상대적으로 조용하고 차분하게 움직이는 기관이에요. 하지만 누군가 법을 어기거나 법적인 문제가 생기면, 법원이 나서서 "법에 따르면 이렇게 해야 해요!"라고 선언하면서 법질서를 지키는 멋진 수호자 역할을 한답니다.

법원은 어떻게 구성될까요?

우리나라 법원은 대법원과 각급 법원으로 구성되어 있어요. 여기서 '각급 법원'이란 말은, 사건을 어떤 순서로 판단하는지에 따라 법원이 단계별로 나뉘어 있다는 뜻이에요.

이걸 쉽게 이해하려면 병원에서 진료받는 과정을 떠올려 보세요. 처음에는 가까운 동네 병원에서 진료를 받고, 그럼에도 증상이 낫지 않거나 더 정확한 검사가 필요하면 큰 병원으로 가게 되죠. 그리고 더 특별한 치료가 필요하면 대학병원 같은 더 높은 단계로 가게 돼요.

법원도 이와 비슷해요. 처음 사건을 맡는 지방법원, 그 판결에 불복할 경우 다시 판단을 요청할 수 있는 고등법원, 또다시 불복할 경우 마지막으로 판단을 내리는 대법원이 있어요. 이처럼 사건의 단계에 따라 법원이 나뉘는 것이랍니다.

법원은 대법원, 고등법원, 지방법원 순으로 급이 나뉘어 있고, 지방법원 밑에는 지방법원 지원이라는 곳이 있답니다.

그런데 여기서 끝이 아니에요. 지방법원과 비슷한 급으로 가족 문제를 다루는 가정법원이 있고, 행정기관과 관련된 문제를 해결하는 행정법원이 있답니다. 또 특허와 관련된 소송을 맡는 특허법원, 군인과 군무원에 대한 재판을 담당하는 군사법원도 있어요.

그럼 '지원(支院)'은 뭘까요? 법원은 전국의 모든 동네에 있는 게 아니라, 주요 도시에만 있어요. 만약 새로 생긴 신도시에 지방법원이 없다면, 그 지역에 사는 사람들은 가까운 도시에 있는 지방법원 지원으로 가야 해요. 한 예로, 세종특별자치시에는 아직 자체적인 지방법원이 없어요. 그래서 세종시에 사는 사람들은 재판이 필요할 때 대전지방법원이나 그에 소속된 대전지방법원 세종시 지원으로 가야 한답니다.

지원은 지방법원의 작은 사무소 같은 곳인데, 가까운 지역에 재판 서비스를 제공하기 위해 만들어진 거예요. 이렇게 자신이 사는 지역에 법원이 없더라도 지원이나 인근 법원으로 가서 법적인 문제를 해결할 수 있답니다.

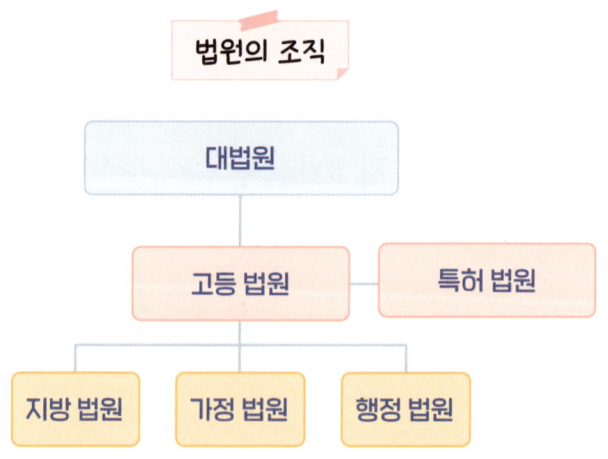

법원의 조직

재판을 하는 과정

재판의 종류는 다양해요

법원에서는 재판을 통해 누가 옳고 그른지 가려 주고, 문제를 해결해 줘요. 그런데 재판이라고 다 똑같은 건 아니에요. 어떤 문제를 해결하느냐에 따라 재판의 종류도 다양하답니다.

우리의 일상에서 실제 벌어지는 재판 중에는 민사 재판과 형사 재판이 가장 많아요.

개인 간에 발생하는 일들, 즉 재산이나 가족 관련 다툼을 해결하는 재판을 민사 재판이라고 해요. 이때 재판을 청구한 사람을 '원고', 그로 인해 재판을 받게 된 사람을 '피고'라고 해요. 이때 판사는 원고와 피고 중 누구 말이 옳고 그른지를 가려 판결을 내려요. 민사 재판에는 검사가 없고 원고와 피고 모두 변호사를 둘 수 있어요.

형사 재판은 도둑이나 살인자, 강도처럼 사회를 어지럽히는 범죄자에게 벌을 주는 재판이에요. 다른 사람에게 피해를 주는 나쁜 행동을 하는 사람을 법에 따라 처벌하는 거지요. 그런데 형사 재판은 민사 재판과 조금 달라요. 민사 재판에서는 원고와 피고가 각각 개인적인 이유로 서로 다투는 문제를 해결하지만, 형사 재판에서는 나쁜 행동으로 인해 사회 전체가 피해를 본다고 생각해서 검사가 원고가 되어 범죄자를 대신 고소해요. 이때, 죄를 지은 범죄자는 피고인이라고 불러요. 검사는 재판에서 범죄자가 나쁜 행동을 했다는 걸 증명하려고 애쓰고, 피고인은 자신의 결백을 주장하거나 형을 줄이기 위해 노력해요. 피고인은 판사가 재판에서 판결한 대로 벌을 받아요.

그렇다면 행정 재판은 뭘까요? 개인이 정부나 공공기관과 얽힌 일에서 문제를 해결하는 재판이에요. 과도한 세금을 내서 피해를 봤거나, 공무원 시험에 부당하게 탈락한 경우, 개인이 행정기관을 상대로 소송을 제기할 수 있어요.

가족 간의 문제도 법원에서 해결할 수 있다는 걸 알고 있었나요? 가족끼리 재산 상속이나 이혼 문제로 갈등이 생긴다면 가사 재판을 통해 해결할 수 있어요.

또, 앞으로 얘기하겠지만, 헌법과 관련된 중요한 문제를 다루는 헌법 재판도 있어요.

그렇다면 퀴즈! 백설공주를 괴롭힌 왕비는 무슨 재판을 받을까요? 형사 재판을 받아야 해요. 왜냐하면 백설공주를 살해하려는 시도를 함으로써, 한 사람의 생명을 위협함과 동시에 사회질서를 어지럽히는 범죄를 저질렀기 때문이에요.

춘향이는 어떤 재판을 청구할 수 있을까요? 행정재판을 청구할 수 있어요. 왜냐하면 춘향이가 공무원인 변 사또에게 억울한 피해를 입었기 때문이에요.

재판 결과를 받아들일 수 없으면 어떻게 할까요?

우리나라 재판은 하나의 큰 계단처럼 여러 단계가 있어요. 이런 재판의 단계들을 '심급'이라고 해요. 심급 제도는 법원에서 재판을 받을 때, 처음 받은 판결에 대해 다시 상위 법원에서 한 번 더 판단을 받는 시스템이에요.

상위 법원에서 다시 판단을 받는 이유는, 처음 재판에서 실수로 놓친 부분이 있거나 잘못된 결정을 내렸을 가능성이 있기 때문이에요. 앞에서도 설명한 각급 법원은 이런 심급 제도에 필요한 것이지요. 여러분이 많이 들어봤을 1심, 2심, 3심으로, '3심제'가 심급 제도에 포함됩니다. 우리나라의 사법제도는 민사, 형사, 행정 재판 모두 3심제로 진행합니다.

재판을 세 번까지 받을 수 있다는 건 이런 거예요.

A씨는 지방법원의 첫 번째 재판 결과를 받아들일 수 없었어요. 그래서 고등법원에 두 번째 재판을 요청했어요. 그런데 두 번째 재판 결과에도 여전히 불만이 있어서 결국 세 번째 재판을 대법원에 요청했어요.

여기서 중요한 제도가 바로 '상소 제도'예요. '상소'는 재판 결과에 불만이 있으면 더 높은 법원에 그 문제를 넘기는 거예요. 1심에 불복해서 2심을 청구하는 것을 '항소'라고 하고, 2심에서도 불복할 경우 최고법원인 대법원에 재판을 청구하는 것을 '상고'라고 해요. 상소란 '항소'와 '상고'를 합한 말이에요.

여기서 '재판을 여러 번 받는 게 너무 번거롭지 않을까?'라는 생각이 들 수 있겠죠? 당연히 번거롭고 힘든 일이랍니다. 한 번 재판 받은 결과에 승복한다면 또 재판을 요청할 필요가 없겠지만, 그 결과를 받아들이기에 억울한 점이 있다면 다시 한 번 사건에 대해 판단해 봐 주길 법원에 청해 보고 싶어질 거예요. 심급 제도는 이렇게 상소할 수 있는 기회를 주기 위해 마련된 것이에요.

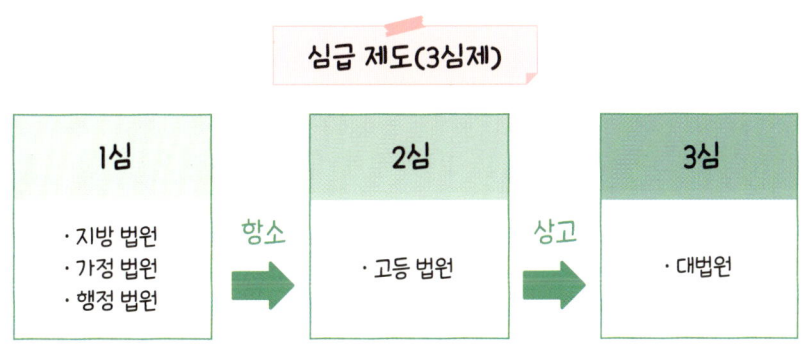

헌법재판소가 하는 일

헌법재판소는 어떤 곳일까요?

헌법재판소는 우리나라 최고법인 대한민국 헌법을 기준으로 법률, 사건 등이 헌법에 어긋나는지 여부를 판단하고 결정하는 특별재판소입니다.

법원이 법에 따라 판결을 내리듯이, 헌법재판소는 헌법에 따라 판결을 내리면서 헌법 정신을 지키고 국민의 기본적 권리를 보호하는 사법기관이죠. 헌법재판소는 사법기관, 즉 법을 다루는 기관이면서 법원과 다른 별개의 조직입니다. '헌재'는 헌법재판소의 줄임말로 많이 쓰여요.

우리나라 헌법재판소는 1987년에 있었던 6월 민주항쟁 이후 국민의 요구로 만들어졌죠.

헌법재판소는 총 9명의 재판관으로 구성되어 있어요. 이 재판관들은 모두 법을 잘 아는 사람들이에요. 대부분은 판사, 검사, 변호사 등 법조인 출신이죠. 9명 중 3명은 국회에서 뽑고, 3명은 대법원장이 추천하며, 나머지 3명은 대통령이 추천해요. 이렇게 뽑힌 재판관들은 모두 대통령이 임명합니다.

재판관의 임기는 6년이에요. 그리고 재판관이 부당하게 그만두게 되는 일이 없도록 신분도 철저히 보장받습니다. 큰 잘못을 저질러 탄핵되거나 금고 이상의 형벌을 받지 않는 한, 재판관의 자리에서 물러나지 않아요. 헌법에서 그 지위를 단단하게 보장하고 있답니다.

헌법 재판이 일반 재판과 다른 점은 뭘까요?

재판은 우리가 살아가면서 서로 다툼이 생길 때, 국가가 나서서 문제를 해결해 주는 과정이에요. 누군가와 법적인 문제로 싸우게 되면, 국가가 재판을 통해 누가 옳은지 판단하고 그 문제를 해결해 주죠.

개인이 법을 지켜야 하듯, 헌법은 모든 국가기관이 꼭 지켜야 해요. 그런데 헌법은 너무 중요한 법이라 내용이 추상적이고 어렵게 느껴질 때도 있어요. 또, 헌법을 해석하거나 적용할 때 서로 생각이 다를 수 있어요. 그래서 어떤 문제가 생겼을 때, 국가기관끼리 또는 국가와 국민 사이에 "이게 헌법에 맞다.", "아니다, 헌법에 어긋난다."라며 서로 다툴 수 있어요.

이럴 때 헌법 재판을 열어서 그 문제를 해결하고, 국가가 하나의 의견으로 통일될 수 있도록 도와줘요. 더 나아가 헌법재판소는 일반 법원의 판결이 헌법에 맞게 내려졌는지까지도 판단합니다. 이에 대해서는 앞으로 더 살펴볼게요.

헌법재판소는 어떤 재판을 할까요?

헌법재판소에서 하는 재판은 크게 다섯 가지로 나눌 수 있어요.

첫 번째는 위헌법률심판이에요. 어떤 법이 헌법에 어긋나는지 판단하는 일이지요. 법원은 법에 따라서 재판을 하죠. 그런데 법원이 판결을 내리려고 그에 관련한 법 조문을 살펴보니, 그 법률 자체가 헌법에 어긋나는 것 같으면 어떻게 해야 할까요? 이럴 때 법원은 헌법재판소에 위헌법률심판을 제청할 수 있어요. 법원의 제청에 따라 헌법재판소가 이 법이 헌법에 맞는지 아닌지를 판단해요.

두 번째는 탄핵심판이에요. 대통령같이 높은 자리에 있는 공무원이 헌법이나 법을 어겨 중대한 잘못을 저지른 경우, 국회의원들이 모여 탄핵을 할지 정한다는 건 앞에서 배웠죠? 국회가 탄핵 소추를 하면 헌법재판소가 그 사람을 자리에서 물러나게 할지 결정하는 거예요.

세 번째는 정당해산심판이에요. 정당은 정치 활동을 하는

단체인데, 만약 어떤 정당이 헌법을 어기고 민주주의를 위협하는 행동을 하면, 정부가 국무회의의 심의를 거쳐 정당해산심판을 청구할 수 있어요. 그리고 헌법재판소가 이 정당을 해산시킬지 결정해요.

네 번째는 권한쟁의심판이에요. 국가기관들끼리, 또는 국가기관과 지방자치단체 사이에는 서로 담당하는 업무나 권한에 관해 다툼이 생길 때가 있어요. "이건 우리 기관의 권한인데 저 기관이 마음대로 관여했어요."라고 하거나 "이건 우리가 할 일이 아닌데 우리 기관에 떠넘겨요."라고 주장하고 싶을 때가 있는 거지요. 이럴 때, 헌법재판소가 누가 그 일을 맡아야 할지 판단해요.

마지막 다섯 번째는 헌법소원심판이에요. 국민이 정부나 국가 기관 때문에 기본권을 침해받았다고 느낄 때, 헌법재판소가 그 문제를 해결해 줄 수 있어요. 또 어떤 사건으로 재판을 받는 개인이 그 사건과 관련된 법률이 헌법에 위배된다고 생각할 때, 원래는 첫 번째에서 말한 위헌법률심판을 법원이 요청할 수 있겠죠. 그런데 이런 경우 법원이 헌법재판소에 위헌법률심판을 제청해 주지 않는다면 어떡할까요? 이럴 땐 재판의 당사자가 직접 헌법재판소에 헌법소원심판을 청구할 수 있어요. 앞선 네 가지 심판은 정부, 지방자치단체, 국회 등이 청구하는 것인 데 반해, 헌법소원심판은 국민이 직접 헌법재판소의 문을 두드리는 것이지요.

헌법재판소에서 내린 결정은 재판관 9명이 모여 심사숙고 끝에 내린 최종적인 판단이에요. 한 번 결정이 내려지면, 그건 나라에서 공식적으로 인정한 의견으로 확정되기 때문에 다른 어떤 기관도 이를 바꿀 수 없답니다.

헌법재판소의 다섯 가지 권한

- **위헌법률심판** 법률이 헌법에 어긋나는가를 심사하고 판단
- **탄핵심판** 신분이 보장된 공무원의 위법행위를 심판
- **정당해산심판** 헌법을 어긴 정당의 해산을 심판
- **권한쟁의심판** 국가기관 또는 지방자치단체 간에 벌어진 권한 다툼을 심판
- **헌법소원심판** 공권력(국가 권력)에 의해 기본권을 침해받았다고 여겨질 경우, 그 당사자인 국민의 요청으로 심사

대한민국을 바꾼 헌법재판소의 결정

법원은 판결, 헌법재판소는 결정을 내려요

법원이 판단한 최종 결과를 '판결'이라고 하고, 헌법재판소가 내리는 결과를 '결정'이라고 해요. 헌법재판소의 결정에는 몇 가지 종류가 있어요.

먼저 '각하(却下)'라는 결정이 있어요. 각하는 헌법 재판을 청구할 수 있는 조건, 그러니까 절차나 형식을 제대로 갖추지 못했다고 판단할 때 내리는 결정이에요. 이 경우에는 헌법재판소가 사건에 관해 심리를 하지 않아요. 여기서 '심리'는 사건에 대해 자세히 살펴보는 과정을 말해요. 즉, 각하는 "조건이 안 되니 이 사건은 자세히 살펴볼 필요도 없어요."라고 판단하는 거예요.

다음은 '기각(棄却)'이라는 결정이에요. 기각은 헌법 재판을 청구할 수 있는 조건은 갖추었지만, 내용을 살펴보니 그 요청을 받아들일 이유가 없을 때 내리는 결정이에요. "위헌 여부를 다투어 볼 절차적 요건은 갖추었지만, 내용을 보니 이 문제는 헌법적으로 문제가 없어요."라고 판단하는 거예요.

마지막으로 '인용(認容)'이라는 결정이 있어요. 인용은 헌법재판을 청구하는 데 적절한 절차를 갖추고, 내용도 타당하다고 인정되었을 때 내리는 결정이에요. "이 주장은 옳고, 받아들일 이유가 있습니다!"라고 판단하는 거죠.

참고로, 법원의 판결에도 헌법재판소의 결정과 마찬가지로 각하, 기각, 인용 판결이 있어요. 여기서 같이 알아 본 뜻을 기억하면 법원의 판결 종류에 관해서도 바로 이해할 수 있겠지요.

대한민국을 바꾼 헌법재판소의 결정은 어떤 것들이 있을까요?

헌법재판소는 우리나라에서 정말 중요한 일들을 결정해 왔어요. 때로는 헌법재판소의 결정이 대한민국을 크게 바꾸기도 했답니다. 그중에 세 가지를 이야기해 볼게요.

옛날에는 아이가 태어나면 무조건 아빠의 성(姓)을 따르게 되어 있었어요. 하지만 2005년에 헌법재판소는 "무조건 아빠의 성을 따르도록 한 법은 평등하지 않아요!"라고 결정을 내렸고, 이제는 엄마, 아빠가 서로 상의해서 엄마의 성을 따르도록 선택할 수도 있게 되었어요. 남녀가 평등하다는 헌법의 가치를 지킨 아주 중요한 일이었답니다.

또 다른 예는 인터넷 실명제에 관한 거예요. 한때 인터넷에 글을 올릴 때 본인의 이름과 주민등록번호를 입력해야 한다는 법이 있었어요. 하지만 2012년에 헌법재판소는 "인터넷 실명제는 표현의 자유를 침해해요!"라고 결정했어요. 인터넷은 사람들의 생각과 의견을 자유롭게 나눌 수 있는 곳인데, 실명제를 강요하면 사람들이 솔직하게 말하기 어려워질 수 있다는 것이었죠. 이 결정으로 인터넷에서도 자유롭게 의견을 표현할 수 있는 권리가 지켜졌답니다.

그리고 또 한 가지, 2022년 헌법재판소는 디지털 성범죄와 관련된 중요한 결정을 내렸어요. 인터넷이나 스마트폰에 나쁜 영상이 퍼질 때, 피해자가 스스로 그 영상을 다 지우는 건 불가능하잖아요? 그래서 헌법재판소는 "정부와 플랫폼 기업이 이런 영상을 삭제할 책임이 있어요!"라고 판단했어요. 이 결정 덕분에 디지털 성범죄 피해를 입은 사람들이 영상을 삭제해

달라고 요청하면 더 빠르게 처리할 수 있게 되었어요. 특히 청소년들이 이런 범죄로부터 보호받을 수 있는 길을 열어 준 결정이었답니다.

맨 처음 우리가 알아본 8조 법 기억하나요? 단군왕검이 만든 8조 법은 당시 사회의 모습을 보여 주고 있다고 했지요? 이렇듯 법은 그 사회를 반영하고 있답니다. 한편으로는 법을 적용해 내려지는 판결에 따라 사람들의 생각이 달라지기도 해요.

인터넷에 글을 올릴 때 자기 이름을 밝히도록 하는 법은 지금 시대에 맞지 않기 때문에 없어졌어요. 헌법재판소가 그 법이 위헌이라는 결정을 내림으로써, 사람들은 '표현의 자유'가 얼마나 중요한지를 다시 새기게 된 것이지요.

이렇듯 헌법재판소는 국민의 권리를 지키고 더 좋은 사회를 만들기 위해 중요한 결정을 내리고 있어요. 여러분도 헌법재판소가 하는 일을 관심 있게 지켜보면 우리 사회가 더 좋은 방향으로 변해 가는 걸 알 수 있을 거예요.

조금 더 알아보자, 헌법!

📖 공정한 재판을 보장하기 위한 원칙

재판이 공정하게 이루어지기 위해서 가장 중요한 원칙은, 어떤 힘 센 권력을 지닌 사람이 자신에게 유리하도록 판결을 내리게 압력을 가해도 흔들리지 말아야 한다는 점이에요. 왜냐하면, 재판은 누구의 편에도 치우치지 않고 오로지 법에 따라 공정하게 진행하는 게 생명이기 때문이죠.

헌법 제103조에서는 이렇게 말하고 있어요. "법관은 헌법과 법률에 의하여 그 양심에 따라서 독립하여 심판한다." 헌법은 사법부가 다른 권력의 영향을 받지 않고 독립적으로 활동할 수 있도록 '사법부의 독립성'을 보장하고 있는 거죠.

사법부의 독립성은 민주주의의 중요한 원리인 '삼권분립'에서 중요한 부분을 차지해요. 삼권분립이란, 입법, 행정, 사법, 이 세 가지 권력이 서로 영향을 미치지 않고 독립적으로 운영되어야 한다는 원칙이라는 점을 앞에서 배웠죠? 법원이 독립적으로 재판을 해

야만 국민의 기본권을 보호하는 중요한 역할을 해낼 수 있어요.

또한, 헌법 제109조에서는 재판의 심리와 판결을 국민들이 볼 수 있도록 공개해야 한다는 '재판 공개의 원칙'을 명시하고 있어요. 이는 소송 당사자의 권리가 충분히 보장되도록 하기 위한 중요한 조치예요. 특히 형사 재판에서는 공개 재판을 받을 권리가 헌법상 국민의 기본권으로 보장되어 있어요.

하지만, 모든 재판이 항상 공개되는 것은 아니에요. 예를 들어, 국가의 안전이나 사회 질서에 해를 끼칠 수 있거나, 선량한 풍속을 해칠 우려가 있는 경우에는 법원의 결정에 따라 공개되지 않을 수 있어요. 이처럼 재판의 공개 여부는 상황에 따라 달라질 수 있답니다.

지금까지 알아본 '사법부의 독립성'과 '재판 공개의 원칙'은 공정한 재판을 보장하기 위한 중요한 원칙이니 꼭 기억합시다!

선생님, 질문 있어요!

헌법재판소는 어떻게 탄생했나요?
헌법재판소는 처음에 누가 만들었나요? 언제부터 있었던 거예요?

　헌법은 나라의 가장 중요한 규칙이에요. 그래서 '국가의 기본법'이라고도 하고, 모든 법 위에 있는 '최고의 법'이라고도 해요. 그런데 만약, 어떤 법이 헌법에 어긋난다면 어떻게 해야 할까요? 앞서 살펴보았듯, 그럴 땐 헌법재판이 필요해요. 헌법재판은 헌법에 어긋나는 법률이 있다면 "이 법은 효력이 없어요!"라고 판단해서 국민의 권리를 지켜주는 중요한 제도랍니다.

　그럼 이런 헌법재판은 어디서, 어떻게 시작되었을까요?

　1803년, 미국에서 처음으로 헌법재판이 이루어졌어요. 당시 미국은 영국에서 독립한 지 얼마 안 된 신생 국가였어요. 이때 미국 연방대법원은 "사법부도 헌법에 어긋나는 법을 심사할 수 있다."라고 선언했어요. 이 결정은 사법부의 독립과 권한을 제대로 세우는 계기가 되었어요.

그 뒤로 헌법재판에 관한 생각은 유럽으로 퍼져갔어요. 1920년, 오스트리아는 세계에서 처음으로 헌법재판소를 만들었어요. 이제 단순한 판결이 아니라, 헌법만을 따로 심사하는 전문 기관이 생긴 거예요.

그런데 곧 전 세계에 엄청난 영향을 미칠 큰 위기가 찾아왔어요. 바로 제2차 세계대전이죠. 독일의 히틀러와 나치당은 합법적인 선거와 법률 제정을 통해 정권을 잡고, 전쟁을 일으켜 수많은 사람들을 괴롭혔어요. 겉으로는 법을 지킨 것처럼 보였지만, 실제로는 헌법 정신을 무시한 일이었어요. 그래서 사람들은 생각했어요.

'형식적으로는 법에 따르는 것처럼 보이지만, 내용상 헌법에 어긋나는 일을 막을 수는 없을까?'

그 답이 바로 헌법재판소였어요. 헌법재판소는 겉보기엔 합법이라도 그 내용을 살펴봤을 때 헌법에 위배된다면 '위헌'이라고 판단할 수 있는 역할을 맡게 된 거예요. 이후 헌법재판소는 세계 여러 나라에 널리 퍼지게 되었어요. 지금은 약 90개 나라가 헌법재판소를 두고 있어요.

사실 우리나라도 헌법재판에 대해 꽤 일찍부터 고민했어요. 1948년, 일제로부터 독립한 뒤 처음 만든 헌법에도 이미 헌법재판 제도가 포함돼 있었답니다. 하지만 그 당시에는 여러 가지 정치적 이유 때문에 제대로 작동하지 못했어요. 그 후 오랜 시간 동안 국민들은 자유와 민주주의를 지키기 위한 싸움을 이어갔고, 마침내 1987년 민주화를 이룬 뒤, 1988년에 지금의 헌법재판소가 드디어 만들어졌어요!

이제 우리나라 헌법재판소는 헌법을 지키고, 국민의 권리를 보호하며, 민주주의를 든든하게 지켜주는 소중한 기관이 되었답니다.

> ### 대법원의 판결을 받아들일 수 없다면 어떻게 하나요?
> 세 번까지 재판을 받았는데, 대법원에서 내린 마지막 판결이 마음에 들지 않는다면 어떻게 해야 할까요? 대법원은 가장 높은 법원이기 때문에, 그 판결을 다시 뒤집기는 참 어렵지 않을까요?

맞아요. 대법원은 가장 높은 법원이기 때문에, 이 판결은 보통 바뀌지 않아요. 대법원의 판결이 바뀔 수 있는 유일한 경우는 바로 판결 자체가 헌법에 어긋났을 때죠. 판결이 헌법에 위배된다고 생각된다면 그 재판을 받은 사람이 헌법재판소로 갈 수 있답니다. 앞에서 헌법재판소가 하는 결정들에 대해 배웠지요? 그중 헌법소원을 떠올려 보세요.

이제 헌법재판소가 어떻게 우리를 도와주는지 사례를 통해 알아볼게요.

한 시민이 국가에서 세금을 너무 많이 부과했다고 생각했어요. 그래서 소송을 냈는데, 대법원에서 "이 법에 따라 세금을 내는 건

맞습니다."라는 판결을 내렸어요. 하지만 이 시민은 "이 법 자체가 헌법에 어긋나는 것 같아요. 헌법은 평등을 중요하게 생각하는데, 이 법은 공정하지 않아요!"라고 주장하며 헌법재판소에 헌법소원을 청구했어요. 헌법재판소는 이 법이 헌법에 맞는지 심사했는데요, 정말로 이 법이 국민에게 지나치게 불리하게 작용하고 있음을 발견했어요. 그래서 헌법재판소는 "이 법은 헌법에 어긋납니다. 위헌으로 결정하겠습니다!"라고 판결을 내렸어요. 이 위헌 결정으로 인해 해당 법은 더 이상 효력을 가지지 않게 되었답니다. 더불어 그 법을 적용해서 내린 판결도 무효가 되었지요.

또 다른 사례를 볼게요. 어떤 회사가 정부와 맺은 계약에 문제가 있다고 소송을 냈는데요, 대법원에서는 정부의 손을 들어주었어요. 그런데 회사는 "대법원의 판결이 헌법에서 보장한 재산권을 침해합니다!"라며 헌법재판소에 헌법소원을 청구했어요. 헌법재판소는 대법원의 판결 내용을 꼼꼼하게 검토한 뒤 "대법원의 이 판결은 헌법에서 보장된 재산권을 침해합니다. 다시 재판을 해야 합니다!"라는 결정을 내렸어요. 이 결정으로 인해 사건은 다시 법원으로 넘어갔고, 공정하게 처리될 기회를 얻게 되었답니다.

헌법 퀴즈

배운 내용을 잘 이해했는지 확인해 볼까요?

1. 다음 빈 칸을 채워 보세요.

- 법관은 헌법과 법률에 의하여 그 ⬜⬜ 에 따라서 독립하여 심판한다. (헌법 제103조)
- 사법권은 법관으로 구성된 ⬜⬜ 에 속한다. (헌법 제101조 제1항)

2. 우리나라 법원은 여러 단계로 나누어져 있어요. 가장 높은 법원은 무엇인가요?

① 지방법원 ② 고등법원 ③ 대법원 ④ 가정법원

3. 다음 설명이 맞으면 ○표, 틀리면 ×표를 해 보세요.

- 헌법재판소는 국가기관 간의 권한 다툼을 해결하는 역할도 한다. (○, ×)
- 헌법재판소는 국민의 기본권과 관련해서 법이 헌법에 맞는지 판단할 수 있다. (○, ×)

1. 양심 / 법원 2. ③ 3. ○ / ○

친구들과 함께해 보는 헌법 토론

친구들이 '법원과 헌법재판소의 역할'에 대해 자기 생각을 말하고 있어요. 누가 법원과 헌법재판소의 역할을 가장 올바르게 이해하고 있을까요? 모두 골라 보세요.

예린: 법원은 경찰처럼 범인을 잡는 곳이잖아. 나쁜 일을 한 사람을 벌주는 게 법원의 일이지.

준서: 법원은 사람들이 다툼이 생겼을 때 누가 옳은지 판단해 주는 곳이야. 범죄뿐만 아니라 억울한 일을 겪은 사람도 도움을 받을 수 있어.

시윤: 헌법재판소는 헌법에 관한 모든 걸 판단하는 데니까 헌법을 고치거나 만들기도 할 것 같아.

민채: 그건 아닐걸? 헌법재판소는 헌법에 어긋나는 법이나 제도가 있는지 살펴보고, 국민의 권리가 침해됐을 때 그걸 바로잡아 주는 곳이야.

지형: 대법원의 판결은 어떤 경우에도 바뀔 수 없어. 법원 중에 최고잖아. 헌법재판소라도 그 판결을 뒤집을 순 없겠지.

선생님이 보기엔 준서와 민채가 법원과 헌법재판소의 역할을 가장 잘 설명했어요. 법원은 사람들 사이의 갈등을 공정하게 판단하고, 헌법재판소는 헌법을 지키며 국민의 권리를 보호하는 일을 해요. 앞에서 배운 내용을 떠올리며, 두 기관의 차이를 잘 기억해 봅시다!